精准表达

石磊◎著

中国商业出版社

图书在版编目（CIP）数据

精准表达/石磊著.—北京：中国商业出版社
2020.4

ISBN 978-7-5208-1046-3

Ⅰ.①精… Ⅱ.①石… Ⅲ.①语言表达-通俗读物
Ⅳ.①H0-49

中国版本图书馆 CIP 数据核字（2019）第 277688 号

责任编辑：刘万庆

中国商业出版社出版发行
010-63180647 www.c-cbook.com
（100053 北京广安门内报国寺1号）
新华书店经销
三河市宏图印务有限公司印刷

*

880 毫米×1230 毫米 32 开 6 印张 91 千字
2020 年 4 月第 1 版 2020 年 4 月第 1 次印刷
定价：32.00 元

* * * *

（如有印装质量问题可更换）

前　言

表达，是一种人人都需要掌握的交流工具。表达，也是一种技巧、一种学问、一门艺术。

我们每天都在与人交流、说话，都在表达。然而，并不是人人都懂得如何表达。有的人明明内心有一套完整的看待事物、解决问题的方案，但是一经口语表达，就语无伦次，颠三倒四，词不达意，不知所云；有的人伶牙俐齿，巧舌如簧，嘴巴一张便如大河倾泻，滔滔不绝，然而却是雷声大、雨点小，表达效果甚微，听者也不以为然，甚至心生反感。

究其原因，是表达不得其法、不得要领，也就是未能掌握精准表达的法门。只有以精准的方式、用精准的语言、向精准的对象表达，才是有效的表达，才是成功的表达。

在刘禹锡的《陋室铭》中，有这样一句经典名句："山不在高，有仙则名。水不在深，有龙则灵。"说话亦是同样的道理，没有人喜欢冗长、复杂的话。话语再多，没有效果也是枉然。所以，说话时你的第一要务就是精简语言，在质量上下功夫。

在历史上，"祸从口出"的例子比比皆是。俗话说："一句话能成事，一句话也能败事。"在开口之前，一定要深思熟虑，想一想能说什么、不能说什么，能说的话又该怎样说，千万不要口无遮拦、信口开河。否则，不仅会伤到他人，还会害了自己。

在今天这个信息高速发展的时代，随着传播手段的日益现代化，社会竞争日趋激烈，人与人之间的关系和交往十分密切。在社会生活的各个领域，表达能力的强弱越来越起着举足轻重的作用。衡量一个人是否有能力，这种能力能否表现出来，在很大程度上是看他的表达能力。表达能力成了一个人能够尽快脱颖而出、出人头地的关键所在。

精准的表达让你大受欢迎，错误的表达让你处处碰壁。有的人舌灿莲花，有的人吞吞吐吐；有的人谈吐隽永，有的人言语干瘪……口才和表达能力有强弱之分，人生自然也是天壤之别。精准的表达显示一个人学识的广博、语言的隽永、举止的优雅和应变的灵活，它往往是一个人综合素质的体现。拥有精准高超的表达技能是每个人渴望的目标。

本书将告诉你如何掌握这些技巧，让你一步步实现目标，从此冷静自信地站在所有人面前，流利自如、随心所欲地表达自己的思想，在生活与工作的舞台上优雅地左右逢源，在社交场、情场、职场、商场等人生的各种场合挥洒口才，展现风采，大显身手。

掌握精准表达的诀窍，才会有精彩的人生。

目 录

第一章

言简意赅，简洁的话更有力量

用简单的话语打动人心

在武侠小说中有一种神奇的功夫，只要轻轻一点，对方就无法动弹，任你摆布，这种功夫就是点穴。简单说话的效果就像点穴一样，简简单单一句话，甚至几个字，便能戳中要害。

曾经有一个编剧向一位好莱坞导演推荐自己的剧本。导演递给他一张名片，示意他把剧本写在名片的背面。也许你觉得这位导演是在耍大牌，是在刁难人。其实，一个好的剧本浓缩成一句话并不是不可能的事，而那些情节复杂的烂剧本则无法用一两句话去概括。所以，这位导演这样做既是对剧本优劣的考察，也是对这位编剧能力的考验。

其实，简单说话还可以更短，可以短到三个字。在我们的生活中，处处充满了简单说话的“三字箴言”，如“对不起”“没关系”“我爱你”“没听懂”……如果你能好好运用它们，你会发现说话原来可以如此简单！

在谈判桌上，仅仅用三个字就能赢得一场胜利。我们来看看这是怎么做到的：

一次，甲、乙两家公司为某项交易进行谈判。在谈判之前，甲公司为了谈判成功，可谓煞费苦心，收集了诸多对自己有利的资料。而在谈判当天，甲公司代表一会儿发文件，一会儿放幻灯片，还请来了专家讲解数据和资料。最后，甲公司代表得意扬扬地说："看看你们的报价吧，是不是应该调整一下了？"

甲公司自以为胜券在握，但是这时乙公司代表却不紧不慢地说了三个字："没听懂！"这三个字着实把甲公司代表气得不轻，想不到自己大费周折却根本没起到任何作用。生气归生气，谈判还是要继续下去，万一对方是真的没听懂呢？于是，甲公司又认真地把自己的谈判条件重新讲述了一遍。但是，对方仍以一句"没听懂"推了回去。甲公司代表终于明白了，对方并不是真的没听懂，而是在装傻。即使知道了这一点，为了这项交易，甲公司还是硬着头皮把谈判进行了下去。但是，为此付出的代价则是不断降低谈判条件，直到对方点头为止。

在这场谈判中，甲公司看似滔滔不绝，牢牢把握住了谈判的主动权。实际上，乙公司人员"以不变应万变"的手法才着实高超，因为他们仅仅用"没听懂"三个字就赢得了这场谈判的胜利。这就告诉我们，在说话时简单一些才好。只有简单，才能减少话语中的破绽，才有利于谈判成功。

简单的话语最能打动人心，世上最动人的情话莫过于那句"三字箴言"——我爱你。在电影《大话西游》里，有一段刻骨铭心的情话："曾经有一份真挚的爱情摆在我面前，我没有好好珍惜，等到失去后才追悔莫及。人世间最痛苦的事莫过于此。如果上天能再给我一次机会，我会对那个女孩说三个字：我爱你。如果要在这段感情前加个期限，我希望是一万年！"

在这段经典爱情对白中，我们感受最深的是"我爱你""一万年"这几个字。相信无论是哪个女孩子，当听到有人含情脉脉地对她说出这几个字的时候，都会被打动。所以，在爱情里，并不需要那些天花乱坠的情话，最朴实无华的"三字箴言"往往最能打动人心。

在生活中，还有一句"三字箴言"——对不起。在拥挤的公交车上，经常会遇到这样的情形：一个人不小心踩了另一个人的脚，这个人马上抱歉地说："对不起。"而被踩的人也礼貌性地回了一句："没关系。"当然，你也会看到这样的情形：一个人踩了另一个人的脚却没有道歉，说着说着两个人就吵了起来，甚至大打出手。

同一件事情却有着不一样的结果，关键就在于那句"对不起"。"对不起"是生活中常用的"三字箴言"：约会迟到了，说声"对不起"；走路不小心撞到别人了，说声"对不起"；大家一起聚餐，你要提前离席，说声"对不起"……

其实，除了这些，生活中还有很多"三字箴言"，如"你真棒""谢谢你""我愿意""大家好""帮帮我"等。要学会简单说话，就要学会生活中的这些"三字箴言"，这样你的生活才会更和谐、更简单。

说话要克服啰唆

在电影《大话西游》里，碎碎念的唐僧让人印象深刻，可谓啰唆的形象代言人。比如，孙悟空在和他抢月光宝盒的时候，他说："你想要呀？你想要说清楚就行了嘛，你想要的话我会给你的，你想要我当然不会不给你的，不可能你说要我不给你，你说不要我却偏给你。"

这么长的一段话，意思其实就是一句话：想要就直说，说了就会给。但是，啰唆的唐僧却把简单的一句话经过不断重复，变成了啰啰唆唆的一大段话，让人又生气又好笑。其实，在生活中也有人常常犯这样的错误，说话喜欢重复、啰唆。

老梁刚刚担任车间主任，说话做事就拿起派头来了。尤其是说话的时候，总是就一个问题重复、啰唆个不停，还美其名曰"强调重点"。

一次厂里开职工大会，老梁上台发言，他先抿了一口茶，眼睛扫了台下员工一遍，才不紧不慢地说："现在，有些人讲话的时候总是喜欢重复，重复有什么好？你看我说话就不重复。不过，话又说回来，说话做事不能全盘否定。所以，我在这里强调一下，说话重复也是有原则的，该重复的时候就得重复，这是因为有的东西不重复，一些人就不重视。但是，也不能总是重复，光重复，有人又会说你啰唆。所以，我一直强调，开会的时候不要不重复，也不要光重复……”

老梁在台上唾沫横飞，台下的员工却昏昏欲睡，甚至有些听不下去的偷偷溜掉了。

事例中的老梁可谓说话重复的典范。本来一句话就能搞定——说话是否重复应该视情况而定，但是他偏偏说了一大堆，乃至最后，先前明白的人也听得糊里糊涂，而那些本就没有耐心听、听不明白的人，更是会产生反感。

除了说话重复，还有一些人在说话时总是喜欢长篇大论。其实，冗长的话语不仅不利于观点的表达，还会引起别人的反感。世界著名演讲艺术家费尔特说：“你应该时常说话，但不必说得太长，少叙述故事，除了真正贴切而简短之外，不讲为妙。”

一位语言学家做过一项研究，研究结果显示：人们的话语在45秒之内最易理解，最长1分30秒。因为如果按照一分钟讲280个字的速度来算，45秒钟能讲210个字。超过这个限度，听者就会感到冗长。超过2分10秒，就更难理解。

要想说话言简意赅，就必须克服啰唆、冗长的毛病。那么，我们应该怎样做到这一点呢？

1. 少说空话、套话

身在职场的人总是喜欢说一些空话、套话，比如“久仰久仰”“早就听过您的大名，今日一见果然名不虚传”“感谢领导，感谢公司，感谢大家给我这个机会”等。这些话如果不是必要的，那就少说为好。

2. 紧扣说话主题

有些人讲话时没有把握好主题，往往说着说着就跑偏了。比如，有些领导讲话，本来是要讲工作中出现的一些问题，但是刚讲几句就偏到了整个行业的现状上，然后又扯到公司的环境卫生上。总之，他们总是说到哪儿算哪儿，如果没有时间限制，就会有讲不完的话。为了避免这种情况的发生，在说话时一定要紧扣主题。

3. 避免说话重复

有些人说话重复，不是故意为之。他们本来是想要强调一个观点，但是又害怕对方听不明白，于是就采用不同的表达方式去反复重复这一观点，而且还会不断地追着对方问“你听懂了吗”。如果有这样的说话习惯，也应当注意。

把话说在点子上

古人讲：“山不在高，有仙则名；水不在深，有龙则灵。”说话也是如此，话不在多，点到就行。在生活节奏紧张快速的现代社会中，没有人愿意花费大量的时间去听你的长篇大论。这就要求你在谈话时要做到言简意赅、一针见血。

乔治是美国加利福尼亚州的大亨，资产逾10亿美元。某年，他与商业伙伴戴维从加州飞往中国某大城市，准备在当地投资建厂，寻找合作伙伴。

三天后，乔治坐到了谈判桌前，谈判对象是我国某一大型企业的领导。这位领导精明能干，通晓市场行情，令乔治颇为欣赏。听了这位领导对合资企业的宏伟设想后，乔治感到似乎已看到了合资企业的光辉前景。

正准备签约时，忽听这位领导又颇为自豪地侃侃而谈道：“我们企业拥有2000多名职工，去年共创利税700多万元，实力绝对雄厚……”

听到这儿，乔治暗暗地掐指一算：700万元人民币折成美元是90余万，2000多人一年才赚这么点儿钱？而且，这位领导居然还十分自豪和满意。这令乔治非常失望，离自己预定的利润目标差距太大了。如果让这位领导经营的话，恐怕很难有较高的经济效益。于是，他决定立即终止合作谈判。

试想一下，假若那位领导不说最后那句沾沾自喜的话，谈判也许会以另一种结局而告终。那位领导最后那些不着边际更是画蛇添足的话，不仅暴露出他自身的弱点，而且令外商失去了合作的信心，最终撤回投资意向，的确是多余之至，应该引以为鉴。

在生活中，我们经常看到，有的人习惯于喋喋不休、滔滔不绝地高谈阔论，而又词不达意，语无伦次，让人听而生厌；还有的人喜欢夸大其词，侃侃而谈，漫无边际。这样都容易造成画蛇添足的恶果。因此，我们“在开口之前，应先让舌头在嘴里转 10 个圈”。把多余的废话“转掉”，准备一些简单明了的话，一开口就往点子上说，千万不要东拉西扯，不知所云。

“吹笛要按到眼儿上，敲鼓要敲到点儿上。”话说在点子上，对方自然会欣然接受。

把话说得精简且语意明确

会说话的人总能把话说得精简且语意明确，而不会说话的人则总是啰啰唆唆，让人摸不着头脑。

王经理每次开会的时候，大家的积极性都不是很高，因为他讲话时翻来覆去总是那么几句。本来一两句话就能说明白，他总要重复解释好几遍。所以，经常可以看到台上的他讲得精疲力竭、口干舌燥，台下的下属听得昏昏欲睡的场景。

对此，一位同事私底下开玩笑说："听王经理讲话，你即便睡一个小时，醒来后仍然能听得懂，因为他还在讲你睡觉前的内容。"

在公共场合演讲，有的人总是长篇大论、滔滔不绝，但是台下听众的思绪早已飘到了九霄云外；有的人言简意赅，将演讲的内容浓缩成一句句精简的话语，犹如一粒粒沉甸甸的石子，在听众平静的心湖里荡起层层涟漪。

1936 年 10 月 19 日，上海各界人士参加公祭鲁迅先生的大会。当时，著名的新闻记者、政治家邹韬奋先生在大会上发表演讲。他没有用浓重的笔墨去描述鲁迅先生的生平事迹，而是用了这样一句话："今天天色不早了，我愿用一句话来纪念先生——许多人是不战而屈，鲁迅先生是战而不屈。"

话语虽短，但是蕴含着极为丰富的内容——既有对当时不战而屈的投降派的谴责，又有对鲁迅先生“横眉冷对千夫指”的可贵品格的赞颂。一句话虽短，却让卑微者的渺小和高尚者的伟大形成了鲜明的对比，激发了人们奋起抗争的勇气。所以，邹韬奋先生的演讲非常成功，也被时人誉为最具特色的演讲。

林肯说过这样一句话：“在一场官司的辩论过程中，如果第七点议题是关键所在，我宁愿让对方在前六点占上风，而我在最后的第七点获胜。这一点正是我经常打赢官司的主要原因。”

在一个案件中，林肯便恰到好处地使用了这一招。在审判的最后一天，对方律师用了整整两小时来总结此案。林肯本来可以针对对方所提出的论点逐一驳斥，但是他并没有这么做，而是等到对方陈述完了，才将论点集中搭配到关键点上。就这样，林肯仅仅用了不到一分钟的时间，就取得了官司的胜利。

一个是滔滔不绝、慷慨陈词的两小时的陈述，一个是短短一分钟的精简的辩驳。前者花费了时间、精力，却败了；而后者从容、淡定，却取得了最后的胜利。对此，我们不由得感叹精简语言的强大力量。

中国有句俗语是这样说的：“蛤蟆从晚叫到天亮，不会引人注意；公鸡只啼一声，人们就起身干活。”的确，语言的精髓在精而不在多，多说无益。

某公司经理招聘司机，有两位司机去面试。

第一位司机说：“我有多年的开车经验，从来没出过事故，而且时刻遵守交通法规。如果我能应聘成功，我一定把车开得稳稳的，保证经理的安全……”

这样洋洋洒洒地说了足足三分钟。面试官点头说了句“不错”，开始面试第二位司机。

第二位司机说：“我为别人开车时，一直都遵守三条原则，即听得说不得、开得使不得、吃得喝不得。”

如果你是面试官，你也会被第二位司机的话所吸引。其实，如果你是在职场中身经百战的老手，自然晓得其中的意思：“听得说不得”是指对于领导的话要保密，只能听，不能说；“开得使不得”是指除了上班时间外，别的时间不能开这辆车，因为这是公车，要公私分明；“吃得喝不得”是指能陪领导参加饭局，但是为了保障领导的生命安全，不能喝酒。显然，有经验的面试官都会录用第二位司机。这便是说话精简的妙处所在。

说话简洁明快活泼有力

看看下面两句话，你更喜欢哪一句?

第一句话：一般来说，成功的概率多为 50%，因为无论这其中有多少影响成功的因素，结果只有两个：要么成功，即达到你的目标；要么失败，即达不到目标。当然，在这之前你必须得有一个目标……

第二句话：不赢就是输。

这两句话都是在谈成功概率的问题，第一句话意思是说“成功的概率多为 50%”，这无异于一句空话，或者说是说话者安慰自己的一句话，似乎在告诉自己：只要做，就有一半的成功机会。而后又说，做一件事情要么达到自己的目标，要么达不到。这更是一句空话，因为对于任何一件事来说，都只有成功与失败两种结果。

其实，把第一句话简单概述得出的结论刚好是第二句话：不赢就是输。这句话虽然简单，却更有力量，可以说是字字珠玑。

1995 年 3 月初，迈克尔·乔丹复出，继续他的篮球职业生涯。为了宣布这一重磅消息，他的经纪人当时给乔丹准备了新闻发言稿，却被乔丹拒绝了。“我不喜欢这些稿件，”乔丹说，“我要自己来。”他随手抓过一张纸，写下了这样一句话：“I'm back. ”

3 月 18 日，迈克尔·乔丹正式发表他的回归声明，以“我回来了”来回应人们关于他职业生涯计划的疑问。就这样，这句简洁却充满力量的宣言成为各大媒体竞相报道的内容，在人们心中留下了深刻的印象。

简洁的话语最有力量。迈克尔·乔丹仅用简简单单几个字就表现出了回归者的霸气，让人不得不为之叹服。言不在多，达意则灵。几乎所有的演讲大师在演讲时都能做到字字珠玑，用最简洁的语言诠释着语言的艺术。

一次，台北某学院举行毕业典礼，邀请著名作家林语堂出席。在他之前，已经有几位颇有身份的演讲者进行了演讲。但这几位演讲者的演讲空洞无物、乏味冗长，可谓“懒婆娘的裹脚布——又臭又长”。当时，台下的听众已经厌倦了这类没有新意的演讲，显得疲惫不堪。

这时，到林语堂演讲了。只见他快步走向讲台，提高嗓门说了这样一句话：“绅士的演说应该像女人穿的迷你裙，越短越好。”说完，便径直走下了讲台。

台下顿时爆发出了雷鸣般的掌声，而刚才那几位口若悬河的演讲者则面红耳赤，连头也不好意思抬起来。

同样还有这样一个故事：

在美国南北战争期间，葛底斯堡战役是其中最为残酷的一战，交战双方共损失 5 万多名兵员。战争结束四个月后，林肯总统到了这里。为了纪念在战争中阵亡的将士，林肯进行了一次演讲。这次演讲只用了 10 个句子，从上台到下台还不到 3 分钟，却赢得了 15000 多名听众经久不息的掌声。这次演讲也是林肯最著名的一次演讲，其演讲手稿也被珍藏起来。时至今日，人们在许多重要场合都会经常提起或朗诵它。

那么，怎样才能像这些演讲大师一样在演讲时做到语言简洁有力呢？

首先，要对自己演讲的内容进行深层次的思考，厘清其中的要点，抓住中心。这样一来，在演讲时就不会出现拖泥带水、紊乱芜杂的情况。同时，还要注意文字的推敲和锤炼，力求精简凝练，一字不多、一字不少。

其次，在演讲时要尽量多用短句，少用长句。一般来说，长句所含的信息量较大，结构较为复杂，一旦处理不好，不仅会使演讲者吃力，还会让听众吃不消。而短句则简洁明快、活泼有力。比如，想要表达诸如紧张、激动等情绪时，就应该用一些易听易说的短句。

复杂的话要简单说

一次，马克思的女儿燕妮请教当时德国一位著名的历史学家：“你能将历史缩写成一本简明的小册子吗？”历史学家笑着答道：“不必，只要四句德国谚语就够了。第一，当‘上帝’要某人灭亡的时候，往往先让其有炙人的权势；第二，时间就是一个巨大的筛子，最终会淘去一切历史的陈渣；第三，蜜蜂盗花，反而使那些花开得更盛；第四，暗透了，便可望得见星光。”

这位历史学家深谙语言简洁之道，他说的这四句话，每一句话都用巧妙的比喻对历史进行了深度的概括，让人对历史产生了清晰而深刻的认识。这便是语言精简的艺术。

要想做到语言精简，其中一个技巧就是长话短说，即删繁就简，把复杂的话简单说。而要想做到这一点，准备工作就得做好。

威尔逊是美国第28任总统，他的演说简短有力，很有艺术性和感召力。

有人曾问威尔逊：“准备一份10分钟的演讲稿需要多少时间？”

威尔逊说：“大约两个星期。”

那人继续问：“准备一个小时的演讲稿呢？”

威尔逊说：“一个星期。”

那人又问：“那要是准备两个小时的演讲稿呢？”

威尔逊脱口而出："不用准备，马上就可以开始讲。"

该怎样理解威尔逊的回答呢？他的意思是，对于一个演讲者来说，他演讲的时间越短，准备的时间就越长。

如果你的准备工作不充分，或是根本没有时间去准备一场演讲，该怎么办呢？那就试试一句话演讲吧！一句话演讲可以是开门见山，直接进入演讲主题。

德国著名诗人、戏剧家贝托尔特·布莱希特十分讨厌那些冗长单调而又没有多大效果的演讲。一次，有人邀请他参加一个作家的聚会，并让他致开幕词。原本布莱希特因为公务缠身，不想参加。但是，举办人为了邀请这位大名鼎鼎的诗人想尽了一切办法。面对对方诚恳的邀请，布莱希特只好答应了。

到了开会那天，布莱希特准时到达了会场，并悄悄地坐在最后一排。不巧，却被举办人发现了。于是，他邀请布莱希特到主席台上就座。主持人先是讲了一些没什么实质性内容的贺词，然后高声宣布："现在，有请著名的诗人、戏剧家布莱希特先生为我们这次大会致开幕词！"

布莱希特站了起来，全场的目光都集中到他一个人身上。他快步走到演讲的桌子前，只说了一句话："我宣布，会议现在开始！"

在这个例子中，我们不能断言布莱希特是因为准备工作做得不充分才这么说的。但是，如果你的准备时间不够，确实可以这么说。因为像布莱希特这样简短的话，不仅能节省听众的时间，还能加快会议的进程，效果自然不错。

当然，如果你想让自己的演讲不落俗套，就要运用活跃的思维和高超的技巧去锤炼你的语言。

1903 年 12 月 17 日，美国发明家莱特兄弟驾驶着人类历史上的第一架飞机，实现了人类遨游天际的梦想。之后，他们到欧洲旅行。每到一处，当地的人们都会为他们举办盛大的庆功会。

一次，他们到了法国，各界名流都来庆祝莱特兄弟的成功。在大会上，人们热情地邀请莱特兄弟说几句话。哥哥威尔伯·莱特推托不了，只好走上了讲台。不过，他的演讲只有一句话："据我所知，鸟类中会说话的只有鹦鹉，而鹦鹉是飞不高的。"

这句话一说完，全场顿时掌声雷动，经久不息。

在这场演讲中，莱特完全可以大谈发明飞机的艰难过程，也可以畅谈在天空中飞行的感受。但是，他并没有这样做，而是用一句话高度概括了创造的艰难和埋头苦干的精神，给人们留下了深刻的印象。

当然，长话短说并不是刻意去追寻一句话的演讲效果。如果你跟对方并不是很熟悉，刚开始交谈就直奔主题，势必会让人感到唐突，效果自然就不会很好。而如果你跟对方比较熟悉，就可以使用这种方法。尤其在一些比较正式的场合，如进行商业谈判、会场发言、做报告等时，尽量做到长话短说，把冗长的客套话去掉，抓住重点，做到一针见血，那么你的演讲必定能给人留下深刻的印象。

借助比喻使语言简练明朗

有的时候，专业术语在特定场合确实能起到帮助沟通的作用，但前提是听说双方都对这些术语心领神会。在圈外人面前使用术语，只能说明自己的语言表达能力不足。

当你向对方发表意见时，当然不是为了显露你的口才，目的还是让他听懂并乐于接受意见。所以，你一定要使用他能听懂的语言。有时候，你为了图省事，说出一个只有自己明白的词汇，为了让对方听懂，你又不得不花一两分钟对这个词汇进行解释。这样一来，不仅没有达到语言凝练的效果，反而白费了口舌。

要使语言简练，又能达到形象生动的效果，不妨用打比方的方式说话。生活中的各种道理，一般人都知道。虽然理解上有偏差，但并不陌生。在表达观点或说明道理时，板着面孔，长篇大论地说教，只会令人生厌。如果借助聪明的比喻，使深奥之理变得简单明了，这样就能触动对方记忆中现有的信息，从而心领神会。

有人问爱因斯坦："什么是相对论？"他说："如果一个年轻漂亮的姑娘坐在你的腿上，你会觉得一小时就像五分钟一样短；如果一个皱纹满面的老太太坐在你的腿上，你会觉得五分钟就像一小时一样长。这就是相对论。"

试想，"相对论"是何等高深的学问，要对一个外行讲清楚可不容易。但爱因斯坦通过一个比喻，却在三分钟之内满足了对方的愿望。

比喻贵在抓住事物的特征。《世说新语》中记载：谢安在一个寒冷的下雪的日子里，把家里的子侄们聚集在一起，同他们谈论做文章的规律。不一会儿，雪下大了。谢安兴致勃勃地问："白雪纷纷何所似（这纷纷扬扬的雪花像什么呢）?"侄儿谢朗回答道："撒盐空中差可拟（在空中撒盐大约可以比拟吧）。"侄女谢道却答道："未若柳絮因风起（不如用柳絮随风飘舞来比喻）。"谢安听了大笑，感到十分愉快。

在这则故事中，谢朗把纷飞的白雪比作空中撒盐，谢道则比作风卷柳絮。两个比喻都符合"像"的要求，但后者显然优于前者。前者仅仅抓住了雪与盐颜色上的相似，后者则不仅顾及颜色，而且还抓住了柳絮与雪花轻柔飘飞的形态上的相似之处，这就比以盐喻雪高明得多。

运用这种似乎与本体事物风马牛不相及的类比物形成的奇妙比喻，不仅能够使语言显得简练明朗，而且能使听众有新奇的感觉，从而大大提高了语言的表达力。

第二章

审慎措辞，表达有分量才字字值千金

练好语言基本功

要想提高自己的语言表达能力，除了要练好语言的基本功外，还需要掌握一些基本的口头表达技巧。这有助于你在谈话中更为自如地表达自己的思想，让你的表达“飞”起来。

以下是几点口头表达的基本技巧。

1. 轻松自然

约翰·墨菲说：“我们不要硬是从头脑中榨出一些名言警句。当我们放松下来的时候，很多妙语就会自然而然地产生出来。”甚至在最具刺激性的谈话中，也有50%的内容是没什么意义的。只有经过一段加热过程，思想的车轮才能转动起来。

2. 循循善诱

成为一位出色的交谈家，并不在于你有多聪明，或者有多少传奇性的经历，而在于启发、诱导别人讲话的能力。值得一提的是，“你”在谈话中是一个前进的信号，而“我”则是一个停止的信号。要设法把谈话引向对方的兴趣点，多用“为什么”“哪里”“怎么样”等。当他说“我在宁夏老家开了个店”时，你千万不要匆忙抢着说：“啊，我在西安也有两家店铺。”而应该问：“在宁夏的什么地方？”

3. 长于忍耐

在与人交谈时，千万不要期望对方一开始就热情高涨。善言者总是等到对方变得热心以后，才试图从他们那里引导出一些有趣的想法。因此，在谈话中一定要长于忍耐。例如，他们会先问："请问您尊姓大名？您是哪里人？您的丈夫是干什么的？您准备在这儿待多久？您是乘飞机来我市的吧？"通过这些问题，激起对方的谈话兴趣。谁关心这些？你也许会这样问。诚然，这些问题似乎没有任何风采和智慧可言，但它们的确能使交谈启动起来。

4. 多说赞同的话

如果他说："我是在农村长大的。"你最好回答："我也是。"或多少讲一点你有关农业方面的知识和经验，这会让他感到很亲切。当他说："我喜欢吃冰激凌。"如果你也有同样的爱好，一定要想办法告诉他。如果他说他出生在东北的一个小镇上，碰巧你过去也喜欢在那里度暑假，那你也一定要告诉他。

5. 适当谈谈自己

当有人要求你讲自己的时候，不要守口如瓶地拒绝。稍微告诉对方一点你的情况，他会感到十分荣幸，因为你是用非常友好的姿态与他交谈的。

6. 尊重对方

交谈双方应相互尊重，即使已经相熟，也不可胡乱开玩笑，逗弄和取笑会触痛别人的自尊，而威胁他人自尊的任何事情都是危险的，即使在玩笑中也是如此。民意测验的结果表明，人们不喜欢被取笑，即使你是他们的亲朋好友。只有在非常亲密的朋友之间，才可以开一些充满善意的玩笑，因为他们是不会追究那些无关紧要的小事的。如果别人非常了解你、非常喜欢你，你也可以与他开个玩笑，但千万别开得过了头。

出口成章，言之有物

语言是以生活为内容的，没有生活，话就无从谈起，而生活内容越丰富，谈话内容自然也越精彩。因此，我们要想说出有水平的高质量的话，一是要用心观察和体会生活的点滴；二是要学会积累各种知识，做一个生活中的有心人。

古人说："腹有诗书气自华。"广博、严谨的知识结构是表达者妙语连珠、左右逢源的坚实底蕴。当一个人在某些方面的经验和知识多于周围其他人时，他就对该方面的话题取得了发言权，并且有充分的自信心。因此，只有具备多方面的知识，我们才能赢得更多的发言权，才能自如地在各种场合准确表达自己的观点。要求一个人什么都懂并不现实，但至少要对自己的专业知识和职业知识有足够的了解，尤其要多掌握一些文化、历史、哲学方面的知识。这样一来，你就能出口成章、言之有物。

知识丰富会扩大一个人的想象力，而想象力会为思维和语言插上翅膀。要想在语言表达中"飞"起来，就必须在生活中通过学习和实践培育出这样的翅膀。如果你想拥有出众的口才，就要像酿蜜的蜜蜂那样，终日在生活的百花园里采撷；要像淘金的老汉那样，在沙砾中筛出真金。我国历代的丰富语言宝库，五湖四海的优秀语言财富，鲜明生动的民间语言，精心雕琢的书面语汇，都是我们应当挖掘的

“富矿”。

首先，可直接从生活中向人民群众学习语言。生活是语言最丰富的源泉，要使自己的语言丰富起来，就要从生活中汲取。老舍说：“在生活中找语言，语言就有了根。学习语言要博采口语。”俄国伟大的批判现实主义作家列夫·托尔斯泰称赞农民是语言的“大家”。语言的“天才”，的确存在于人民群众之中。比如，我们讲话常用程度副词“很”，而“很黑”在人民群众的口语中，却用更精确、更形象、更简练的“漆黑”来表达。学习语言还要多看，即勤于观察、体验，真正熟悉你的对象，掌握它的声调、形色等，而不是生搬硬套。

其次，要多读中外名著。“熟读唐诗三百首，不会吟诗也会吟”的经验之谈，是大家所熟悉的。它告诉人们，要提高自己的口才，就应多读名著。“群书万卷常暗诵”，心领神会，自会产生强烈的兴趣；体味语言的精微之处，就能唤起灵敏的感觉；熟悉名篇佳作的精彩妙笔，可以获得丰富的词汇，演说和讲话时优美的语言会不请自来。

最后，知识贫乏是造成语言贫乏，特别是词汇贫乏的一个重要的原因。生活积累和语言知识，是决定一个人说话水平高低的关键。有本书上说，生活是语言的王国，你要努力使自己成为这个王国里的王者。

再急的事也要慢慢说

一天中午，4 岁的东东忽然一路小跑上了楼。妈妈正在做饭，看到东东着急的样子，还以为出了什么事，于是赶忙放下手里的活，问东东："东东，怎么了这是?"东东看到妈妈着急的样子，也开始紧张起来："妈妈，我……看到……一个……"看着东东半天说不出一句话，妈妈更着急了，说："别急，慢慢说。"东东却一句话也说不出来。

我们常说"心急吃不了热豆腐"，说话也是一样。心里一着急，说话时就会吞吞吐吐，半天说不出一个字，不仅自己着急，听我们说话的人也着急。所以，遇到急事时更应慢慢说。

小孙在一家公司车间里当质检员。公司年会要表演节目，因为小孙外形好、嗓子不错，所以车间主任就推荐他当了报幕员。年会开始前一天，车间主任告诉小孙，总公司的领导要来。所以，这次年会一定要办得漂漂亮亮，不能有一丝差错。小孙在车间主任千叮咛万嘱咐后，倍感压力。

等到当天年会快开始的时候，公司的领导也找小孙谈了几句："小孙啊，这次年会十分重要，你要把这个头开好，千万不要搞砸了啊！上台的时候一定要得体大方，千万不能紧张，待会儿……"领导絮絮叨叨说了十来分钟，小孙一句话也没听进去，脑子里嗡嗡响。

等到上了台，看着台下的观众，小孙更加紧张，战战兢兢地拿出节目单一看，差点没晕过去，原来因为紧张，他竟然把一张白纸拿了出来，这下他更急了。小孙想起好像是有一个吹笛子的节目，于是便说："下一个节目，吹独子……不是，是独子笛奏……不对不对，是笛子，笛子……"台下的观众窃窃私语："这到底是什么节目？""好像是笛子独奏吧？"听着台下观众的议论，夹杂着哄笑声，小孙别提多难堪了。

有些人就像小孙一样，遇到大事、急事总是十分慌乱。其实，无论遇到什么急事，只要慢慢说，就能更好地体现出简洁语言的魅力。这里的"慢"不是指说话时一字一顿地说，而是指在开口之前要谋定而行、不急躁，即说话的前奏要慢下来。

《三国演义》中有一个场景——青梅煮酒论英雄，说的是曹操一直对刘备存有戒心，于是设宴邀请刘备，一探虚实。席间，正值天空乌云密布。曹操问刘备当今天下谁是英雄，刘备列举了几个人。曹操一口否决，并说："当今天下英雄，只有你和我两个！"刘备听后大吃一惊，拿在手中的筷子掉到了地上。刘备心中十分惊慌，恰在此时，空中响起了一声巨雷，刘备趁机解释说："这雷声太突然了，实在让我害怕，才把筷子掉到了地上。"曹操觉得刘备如此胆小怕事，便有些看不起他，而放弃了除掉刘备的打算。

在这场心理博弈中，表面上是曹操赢了，但实际上是刘备技高一筹，成功化解了自己的危机。其实，刘备心里十分慌张。但是，他稳住了心神，并没有在情急之下失言、失态，这得益于他强大的心理素质。我们常说，遇事要冷静，紧要关头只有冷静才能化解危机，这个故事便很好地诠释了这一点。

赵忠祥曾说："你讲得越快，人们能听懂的就越少。"所以，无论遇到什么事情，在开口说第一句话之前都要学会放慢自己说话的节奏，告诉自己不能慌。只有这样，才能把你的意图准确表达出来。

审慎措辞更容易打动人心

所谓措辞，是指人们在说话交流时，经过深思熟虑，综合考虑对方的思想、情感、心理特征、个性特点、学历背景、生活习惯等因素的情况之下，精心选用恰当的词语、句子，有效表达自己的意思，并让受众易于理解、接受、相信的一个互动过程。

我们平时说话表达要注意措辞，这直接关系到你说的话能否达成效果。

比如，想让别人帮忙时，有人会这样说："喂，帮一下忙。"

可结果呢？就得看对方当时的心情了。

得到的回答很可能是"我现在没空"，或是"我正在忙呢"。

在这种时候，不妨试试下面的说法："劳驾，请帮一下忙，好吗？"

这样一说，一般人会乐意为你效劳的。

人的行为意愿，会受到措辞的影响。同样的意思，措辞不同，表达效果就会不一样，听众的回应结果也截然不同，或赞同，或拒绝。在上述例子中，第二种措辞就更容易打动人心，让人接受。

说话表达，深究起来，是一件比做文章、读文章更难的事。做文章，可以细细推敲，再三订正；读文章，可以细细体味，详加研究。说话表达就不能这样了，因为一言既出，驷马难追！所以，你与人对话，应该特别留神，审慎措辞，用心说好每句话。

你要说的话，最好事前先打腹稿，记住纲要，免得临时遗漏。说话开头，先要定一定神，态度从容，双目注视对方的脸，表示出诚挚的神情，并随时注意他是赞成你的意见，还是不以为然。此外，要随时调整你的说法。如果发觉他露出不愿意多听的神情，你就该设法收束话题。如果他有疑问，你就该多加解释。如果他乐于接受你的见解，你就该单刀直入，再不要绕圈子。如果发觉他要插嘴的样子，你就该请他发表意见，他的答话，你要特别留神。

你对人回答，也要准确有力。认为对的，就回答他一声："很好。"认为不对的，就回答他："这个问题很难说。"自认为可以办到的，就回答他："我去试试，但成功与否不敢肯定。"自认为办不到的，就回答他："这件事太困难了，恐怕没多大希望。"总之，不要说得太肯定。太肯定的回答，最易造成不欢的后果。一切回答，必须留有回旋的余地。万一临时不能决定，你也可以回答："待我考虑后，再答复你吧!"或者说："待我与某方面商量后，由某方面答复吧!"前者是接受与不接受各占一半，后者多数是婉言拒绝。如果对方唠叨不止，你不愿意再听下去，也有几个方法可以应付，你可以谈谈别的事情，转移谈话目标，也可以说"好的，今天谈到此处为止"，然后立起身来，说声："对不起，再见！再见!"他自然会中止谈话，离开你那里。

提高说话水平有方法

要想使自己的话能够打动人、说服人，就要努力提高自己的语言表达能力。你必须使人觉察到你是一个有思想观点的人，绝非一个糊涂虫。单单无聊空谈，是绝不能使对方对你有一点良好印象的，更不能显出你说话的水平。

世界著名的谈话艺术专家切司脱·费尔特先生，曾经教人谈话时注意下列一些问题，以让自己的语言表达有力度。他说道：

“你应该时常说话，但不必说得太长。少叙述故事，除了真正贴切而简短之外，总以绝对不讲为妙。”

“和人谈话，同时也要注意到态度。切不要拉住别人的衣袖，手脚乱画地讲话，应当和顺一些，切忌妄自尊大。谈话最好要一般化，勿作自我的宣传，把自己捧上天去。外表应该坦白而率直，内心应该谨慎而仔细。”

“谈话的时候，姿态可以表现你的诚意。所以，要正面向着人家，不要随随便便，不要刻意模仿他人。”

“和人家开口赌咒，闭口发毒誓，是既坏又蠢而且粗鄙拙劣的事。高声的哄笑，是文化素养不高的表现。真实的机智和健全的理性，绝不会引人哄笑的。此外，没有再比咬人耳朵、像蚊虫叫似的谈话态度更叫人难受的了！”

这位谈话艺术专家以上所列的各条警戒人的谈话艺术，除了“禁止大家哄笑”这一条外，都是有助于提高说话的表达力度的。因为粗声喧闹固然有失常态，但是出自情感挑动的大笑，是不会妨害到任何人的。

如果具有丰富的一般知识，你可以拿出来随时应付。一个人既然是社会的人，每天在生活当中，就必须与他人频繁发生接触。所以，对于世界上形形色色的人和事，自己应当努力去获得各方面的知识。

怎样可以得到这些知识，以便在你谈话之时有所帮助呢？一个好方法，便是每天阅读报纸。第二个方法，是随时留意你周围所发生的事。即使只是极琐碎的事，也不要轻易忽略它。另外还有一个方法，便是时常和人谈话。你和别人闲着无事时聊聊天，不单脑子里可以储藏起许多知识，可当成下次谈话的资料，而且可以使你对谈话有兴趣，甚至谈话的技术也会更加熟练起来。

平时多积累讲话的素材

“知识就是力量。”说话表达要有力度、有气势，就要有丰富的学识、阅历，对表述材料要充分熟知。“问渠哪得清如许，为有源头活水来。”像毛泽东、周恩来等许多伟人那样谈吐睿智、幽默，都是以学识渊博和阅历丰富为基础的。

追本溯源，一个口才好、善于表达的人，必须经常在知识积累上下功夫。要不断地扩充自己的兴趣，积累讲话的素材，丰富自己的知识，开阔自己的视野。知识丰富、熟知材料是自信自如表达的基础条件，正所谓“充实是自信的前提”，而“自信就是力量的源泉”。

著名剧作家曹禺曾说过，哪一天我们对语言着了魔，那才算是进了大门，以后才有可能登堂入室，成为语言方面的富翁。那么，我们应该怎样来具体学习、锤炼语言，提高自己的表达能力呢？下面，介绍几种可行、有效的方法。

1. 多读书，多看报

在日常生活中，我们每天都离不开报纸、杂志和书籍。在读书看报时，备一支笔、一些卡片纸和一把剪刀，把所见到的好文章或让自己心动的话语画出来，或剪下来，或摘抄在卡片纸上。每天坚持做，哪怕一天只记一两句，也是很有意义的。日积月累，在谈话表达的时候，你也许就会不经意地用上它们，从而使自己讲话的内容丰富起来。

2. 善于学习

对于谈话的题材和资料，一方面要认真地去吸收，另一方面要好好地去运用。懂得如何运用，可以使一句普通的话发挥出惊人的效果。学习吸收的目的是很好地应用，不能应用的吸收毫无意义。

俗话说："熟读唐诗三百首，不会作诗也会吟。""群书万卷常暗诵"，吟咏其中，则可心领神会，产生强烈的兴味。摸熟语言的精微之处，则会唤起灵敏的感觉。熟悉名篇佳作的精彩妙笔，则会获得丰富的词汇。自己演说和讲话时，优美的语言亦会不请自来，这并非天方夜谭。只要我们潜心苦读，勤记善想，揣摩寻味，持之以恒，就能尝到醇香厚味。只要反复地用、不断地学，久而久之，就可以像郭沫若所说的那样"于无法之中求得法，有法之后求其他"了。

3. 注意收集并积累警句、谚语

在听别人的演讲或别人的谈话时，随时都可以听到体现人类智慧的警句、谚语。把这些话在心中重复一遍，记在本子上。久而久之，你谈话的题材、资料就会越来越多，说话表达也就能越来越条理清楚，出口成章。

4. 提高观察问题、思考问题的能力

要提高自己的表达能力，就要不断提高自己观察问题、思考问题时的敏锐性，丰富自己的学识与经验，并增强自己的想象力与敏感性。随着表达能力的提高，你的生活也将丰富多彩，整个人的个性素质和各方面的能力都会提升，从而成为一个善于说话、长于表达的高手。

总之，广博的知识、丰富的阅历可使人在掌握大量材料的基础上当众讲话，听众能从中获取有益的信息，表述者也可从容不迫，挥洒自如，充分占有材料。

说话有力量表达才会有力度

一个人说话缺少力度，意思表达就会含混不清，词不达意，听者也不知他说的究竟是什么意思。只有说话有力量，表达有力度，字字句句都精准地表情达意，才能产生理想的沟通效果。

那么，怎样说话才算有力度呢?

1. 说话要经得起推敲

一个人说话是否有力，要看是否有客观依据，即经得起推敲。只有经得起推敲的话，才有充分的说服力。

在林肯当律师的时候，一位叫小阿姆斯特朗的人因涉嫌杀人而被捕入狱。小阿姆斯特朗不服，提出上诉，林肯找到原告证人福尔逊。福尔逊发誓说，自己在10月18日的晚上，清楚地目击了小阿姆斯特朗用枪击毙受害者的全过程。对此，林肯要求复审。

林肯先问证人福尔逊："你发誓说看清了小阿姆斯特朗?"

福尔逊答："我发誓看清了。"

林肯问："你在草堆后，小阿姆斯特朗在大树下，两处相距二三十米，你能看清吗?"

福尔逊答："看得很清楚，因为月光很亮。"

林肯问："你肯定不是从衣着方面看清是他的吗?"

福尔逊答："不是的，我能肯定我看清了他的脸，因为月光照亮了他的脸。”

林肯问：“你能肯定时间是在晚上 11 时吗？”

福尔逊回答：“我能肯定，因为我回家时看了钟，那时是晚上 11 时 15 分。”

林肯问到这里，便转过身来，语惊四座：“我不得不告诉大家，证人福尔逊所说的全是谎言！他一口咬定，10 月 18 日晚上 11 时在月光下看清了被告的脸。我们都知道，10 月 18 日那天是上弦月，晚上 11 时月亮都已经下山了，哪里还会有什么月光？退一步说，也许他的时间记得不十分清楚，时间稍有提前。但那时，月光是从西往东照，草堆在东，大树在西，如果被告的脸对着草堆，脸上是不可能有月光的。”

大家先是一阵沉默，紧接着是掌声、欢呼声一起迸发出来。福尔逊则傻了眼。

林肯借助客观事实推理，充分揭穿了福尔逊的谎言，使一桩冤案得到昭雪。

2. 态度要诚恳

古语讲：“至诚足以感人。”要想说出有力的话，诚恳是关键。一个人无论说什么都可以，但若是口是心非，所说的话肯定不会有力量。

3. 道歉得当

我国古来有句俗语，叫作：“谦，美德也，过谦则诈。”我们同别人说话，谦虚是应该有的，因为你的谦虚会让别人容易接近。可是，你过分地谦虚了，你的谦虚便失去了价值，而且别人也无法相信你。

一位演说家，当他登台之后，便对听众说道：“诸位，真是很对不起，今天我所讲的题目并不是我所熟悉的，我对这题目也没有多少研究，准备不充分，所以今天所讲的可能没有多大价值，讲得不好，请一定见谅。”

一位演讲者对台下听众这样讲，在他自己看来是谦虚。可是，别人能否相信他呢？所以，我们要想说话有力，首先谦虚应该得当。

第三章

话不在多，抓住重点才是关键

说话意图要表达精准

曾经听到这样一个笑话：

一名男子被判刑10年，监狱中的日子对他来说每一天都是煎熬，更别提10年了。由于待着无聊，他每天都对着墙壁自言自语。可是有一天，他突然发现了一只小蚂蚁。更有意思的是，这只小蚂蚁竟然能听懂他说话。于是，男子开始和这只小蚂蚁一起玩。就这样，等到男子出狱的时候，这只小蚂蚁不但学会了倒立，还会翻跟头，令他颇为得意。

男子出狱的第一天，朋友邀请他去酒吧，说是给他去去晦气，好开始新的生活。而他也准备向朋友炫耀一下他的小蚂蚁。到酒吧后，朋友为他点了一杯酒。这时，他把蚂蚁从口袋里掏出来放在桌子上，得意地对朋友说："看看这只蚂蚁……"那酒保一看，是一只蚂蚁，赶紧把蚂蚁拍死了，然后很抱歉地说："对不起，我马上给您换一张桌子！"

这个笑话告诉我们，误会的产生往往是因为表达不清楚。如果这位男子说"你看，我的蚂蚁会跳舞"，酒保听到后的第一反应将会是好奇，仔细察看一番，而不是立即把蚂蚁拍死。其实，就像这个笑话所描述的一样，在现实生活中，我们常常会因为表达得不精准而使对方产生误会。

楚健到一家新公司去上班，在公司里结识了一位新同事，两个人住得比较近，又都十分喜欢钓鱼，所以渐渐熟络起来。一个周末，这位同事给楚健发了一条信息，邀请他一起去钓鱼。楚健回道："不好意思，今天有事，不去玩了。"这位同事就拿起鱼竿自己钓鱼去了。可是，等到晚上回来的时候，他打开手机一看，朋友圈被楚健"刷屏"了，一会儿是游乐场，一会儿是公园，一会儿又跑到了电影院。这位同事有点气愤，不是说有事不去玩了吗，怎么自己出去玩了？同事觉得楚健这个人说一套、做一套，所以后来渐渐疏远了他，而楚健还不知道自己怎么得罪了这位新朋友。

其实，之所以产生误会，正是因为楚健表达得不准确。楚健的意思是不和同事出去了，但是没说自己不出去玩，而同事则理解成楚健因为有事，所以不能出去玩了。可见，说话时一定要注意表达精准。否则，一不小心就会产生不必要的误会。

那么，我们应该怎样清晰、准确地表达出自己的意思呢？

1. 不要丢掉主语和关键词

在与人交流时，人们为了说话简洁，经常把句子的一些成分省略。这样虽然听起来简洁，但是稍有不慎就会使人产生误解。比如，一个人说话结巴，挑中了一双鞋，说："大，大。"于是，售货员给他拿出了小一号的鞋。结果，这个人还是说"大"。售货员看了看这个人的脚说："再小，你就穿不上了啊！"男子结结巴巴地说："我，我是说，脚，脚大。"

可见，在说话时，不能为了说话精简而丢掉必要的成分，比如主语和一些关键词。

2. 尽量少用方言

常言道："五里不同语，十里不同俗。"因地域、文化等的差异，同一个意思，各地方言的表述方式不尽相同，所以很容易让人产生误解。

在我国，有一些地区会把“孩子”说成“鞋子”。如果不知道这一方言差异的两个人见面，就很可能会闹出笑话。

有一次在街上，甲碰到了新来的同事乙，热情地上前跟他打招呼：“你到哪里去呀？你一个人呀？你的鞋子呢？”乙纳闷地看着自己的脚，心想：我的鞋子不是就穿在脚上吗？他怎么问我的鞋子呢？

其实，甲只不过是在问乙他的孩子去了哪里，怎么没跟他在一起罢了。

可见，与人交谈时要想精准表达，要少用方言。否则，就会像上面一样闹出笑话，让人误会。

准确地表达心中所想

我们经常会在各种场所见到一些夸夸其谈的人。如果你认为他口才好，那就大错特错了。一个口才好的人根本不会在别人面前用侃侃而谈的方式来证明自己，只有那些整天言之无物的人才会如此。

俗话说："豆腐多了都是水，话多了都是唾沫。"话说得多了，抓不住重点，也是没有益处的。

一个礼拜天，马克·吐温在教堂听一位慈善家演讲。演讲过了5分钟后，马克·吐温觉得慈善家讲得不错，决定一会儿捐出50美元。可是，这个慈善家讲了10多分钟还没有停的意思。这时，马克·吐温已经有点厌倦了，决定将捐款减至25美元。当慈善家继续滔滔不绝地讲了半小时之后，马克·吐温把捐款减至5美元。而当慈善家喋喋不休地讲了整整一个小时，拿起钵子向大家索求捐助的时候，马克·吐温非但没有捐钱，还从他的钵子里拿走了2美元！

马克·吐温的这一行为让我们忍俊不禁。但是，仔细想想，这看似不合情理，却也是理所当然。鲁迅先生曾说："时间就是性命，无端地空耗别人的时间，其实无异于谋财害命。"而故事中的那位慈善家本来只需几分钟就能完成的演讲，被他拖了整整一个小时，致使他的形象一落千丈，引起马克·吐温的反感，以至于不但没有得到马克·吐温的捐助，还被马克·吐温拿走了2美元。

可见，说话多有时候并不是一件好事，并不能帮助你达到想要的效果。在现实生活中，很多人说话总是抓不住重点，絮絮叨叨说一大堆，把别人搞得很烦。而有些人说话则能有的放矢、切中要害。

一位保险推销员拨通了李先生的电话。

推销员："您好，您是李××先生吗？"

李先生："我是，你哪位？"

推销员："我叫××，我们公司最近推出了一种新产品……"

这位推销员开始了标准的推销演讲。一分钟过去了，他仍然没有明确说出自己推销的产品是什么。李先生忙打断了他："我没兴趣，不需要。"

"我还没介绍是什么产品呢，您怎么就认为自己不需要呢？"推销员很惊诧地问。

"你是推销保险的吧？"李先生耐着性子问道。

"是的。"

"我对保险没兴趣，不要了，谢谢。"

"可是，您为什么不买保险呢？"

嘟嘟嘟……还没等这位推销员说完，李先生便挂了电话。

在这场对话中，推销人员虽然说了一大堆话，但是都没说到点子上，并且提出的一大堆问题让李先生感到反感。

来看看下面这位推销员是怎么做的：

推销员："您好，请问是李××先生吗？"

李先生："我是，你哪位？"

推销员："我是××人寿保险公司的刘海军，是您的朋友赵×介绍我打这个电话的，我只占用您几分钟的时间，现在方便吗？"

李先生："你有什么事吗？"

推销员："我打这个电话，是因为昨天您的朋友赵×从我这里购买了一份保险，同时他认为此险种非常好，特别适合您这样的成功人士，因此他特意向我推荐您。当然，我还不确定您是不是有兴趣，所以想和您约个时间。您看，您周二下午或者周四下午有时间吗？”

其实，李先生有买保险的念头，但是最近有点忙，于是回道：“对不起，我最近很忙，没有时间。”

推销员：“李先生，这点我当然理解。正是因为您很忙，所以我才特地打电话来和您预约，以免浪费您的时间。我们周二或者周四见个面，只占用您30分钟即可。”

李先生：“那好吧，周四。”

推销员：“那好，我们周四一起碰个面。请问，您几点有时间？”

李先生：“下午5点。”

这位推销员自始至终都抓住了问题的关键，即时间对于客户的重要性。所以，他开门见山，先是询问自己能不能占用对方几分钟的时间，然后简明扼要地表达了自己的用意。在对方拒绝时，又一次以避免浪费对方的时间为理由，成功说服对方和自己约定时间见面。像这样的推销员，能句句说到点上，抓住客户的需求，客户是很难拒绝的。

所以，我们在说话时一定要抓住重点、切中要害，这样才能准确地表达出你心中所想，达到沟通的目的。

抓住谈话的中心点

在打高尔夫时，我们必须把目光都集中在一个点上，注入全身的力量，那样球才能飞得更远。说话犹如打高尔夫球，每一场谈话都会有中心点，我们必须抓住谈话的中心点，一语中的，那样才能使话语更有威力。

在《爱情保卫战》中担任情感导师的涂磊以言语犀利而闻名。但是，不可否认，他说话总能抓住问题的核心，说到点子上，一针见血，给在爱情中迷茫的人以启迪。

在一期节目中，一位怀揣着电影梦的“80后”男孩坦言为了自己的梦想可以牺牲自己最亲近的人。他每天都沉浸在自己的理想世界里，没有经济来源，就向母亲和女友要。按照常理来说，男孩应该对女友心存感激。但是，他反而指责女友太虚荣。这时，涂磊激动地说：“你不配谈理想，一只寄生虫永远拍不出伟大的作品!”

当他看到一个男孩子因为过于受制于妈妈而不敢去爱时，他鼓励道：“我没有太多废话，先斩后奏，明天就去领证。你妈妈有一个这么憨厚、孝顺的儿子，一个这么聪慧的媳妇，婆媳关系处理得一定游刃有余，我祝福你们!”

有句话说得好：“当局者迷，旁观者清。”无论是自己还是他人陷入爱情的泥潭时，都需要一个像涂磊一样的人，一语道破问题的实质，让人保持清醒的头脑。

事实上，没有人愿意听冗长的空话。如果你在说话时能抓住其中的关键，一语中的，就可以成功地说服他人。

周勃是西汉开国元勋，曾经帮助汉室铲除吕后的爪牙。汉文帝上台后，他官至宰相。后来，他辞去丞相一职，回到了自己的封地。这时，曾经与周勃有过节的小人趁机向汉文帝诬告他图谋造反。于是，周勃被抓了起来。按照当时的律例，图谋造反可是死罪，而且还要株连九族。

在这危难时刻，薄太后站出来对汉文帝说：“陛下，您是否记得，当初您还未即位时，周勃兵权在握，同时手上还有先皇留下的玉玺。那时，正是他谋反的最佳时机。但是，他没有这么做，而是帮助汉室消灭了企图篡权的吕氏势力，然后把玉玺交给了陛下。而现在他只不过是在自己的封地安享晚年罢了，又岂会在这时谋反呢?”

薄太后简简单单几句话，句句切中要害。汉文帝听了深有感触，觉得自己太鲁莽了，对不起这位忠诚的开国老将。于是，立即下令赦免了周勃。

有经验的园艺家为了使树木茁壮成长，结出丰硕的果实，常常会把树木多余的枝条剪掉。说话也应当如此，即不要把自己的精力分散到毫无意义的空话上，而是要抓住关键点，一语中的。只有这样，才能使你的话语更有力量。正如上面案例中的薄太后所说的话，虽然简短，但句句是重点，为周勃赢得了最后的生机。

如果你是一位推销人员，说话啰唆且没有重点，相信再有耐心的人也会感到厌烦。但如果你的话句句戳中要害，就能达到你想要的效果。

一位推销人员去一家公司推销产品，这位推销员是这样说的：“刘经理，如果你们公司的生产线都装上我们公司的高精密度自动控制系统，那么你们产品的一等品率将会大大提高，每天的收益也会比现在多很多。所以，早一天购买，早收益；晚一天购买，就意味着白白扔掉好些钱。您说呢?”

刘经理想了想，觉得推销员说得很对，当时就做了购买决定。

这位推销员虽然只说了短短几句话，但都抓住了要点。因此，最后成功地拿下了订单。

如今，在社会交往中，没有人愿意听你讲空话。为了有效沟通，你要时刻提醒自己抓住问题的中心点，把话说到点子上，一语中的。只有这样，你的话才更有威力。

突出重点让对方更易理解

由于说话习惯，通常对于一件事情，我们总是习惯以流水账的方式讲述。就像小时候写日记一样，我们本来是想记录一件让人印象深刻的事情，但是翻开日记本时，却这样写："早上起床，吃早饭，学校集合……"写到最后，才说大家被动物园中的大老虎吓了一跳。

很多时候，我们喜欢把重要的事情放在后面说。但是，如果时间有限，或是对方根本不喜欢我们的长篇大论，我们很可能就会失去继续表达和展示自己的机会。而如果采用金字塔原理，让结论先行，然后再解释具体过程，便能突出说话的重点，让对方更容易理解。

这里有两个故事，你更喜欢哪一个版本呢？

版本 A

一年除夕，一位白发老人把两张红纸贴在门上，然后点燃了蜡烛和爆竹，吓跑了怪兽。哦，对了，这个怪兽常年居住在海底，头上长着触角。这个怪兽叫"年"，十分怕火光、红色和响声。每年除夕的时候，家家户户都烛火通明，贴上红纸，燃放爆竹。这是因为，每到除夕，"年"就爬上岸来吞食牲畜、伤害人命、破坏庄稼。

版本 B

相传在古时候，有一个叫"年"的怪兽。这个怪兽头上长着触角，十分凶猛，平时深居海底，但是每到除夕，就爬上岸来吞食牲畜、伤害人命、破坏庄稼，人们为此担惊受怕。这年的除夕，村里来了一位须发老人，帮助村民解决了这个问题。他在门上贴上了两张红纸，点燃了蜡烛和爆竹，“年”就被吓跑了。原来“年”怕红色、火光和炸响。于是，从此以后，每年除夕，家家都烛火通明，贴红对联，燃放爆竹。

同样一个故事，版本A让人摸不着头脑：为什么人们点灯火、贴对联、燃爆竹就把怪兽吓跑了？这个怪兽是怎么回事？人们为什么要这样做？看似是想要采用倒叙的手法讲故事，但是讲出来却毫无重点与逻辑可言。

而版本B则采用了金字塔原理，先讲述村里来了一位老人，帮人们解决了这个问题，然后再细讲是怎么做到的。相对而言，版本B的故事思路更清晰：哦，一个怪兽叫作“年”，因为每到除夕就上岸伤人性命，所以人们想办法赶走了它。

所以，对于一些复杂的话，最好采用金字塔原理，先说事情的结果，然后再分析事情发生的原因，这样便能有条理、有逻辑、有重点地把事情讲清楚。

经理让小李安排一个会议，小李说：“经理，王主任说他今天有事来不了；周总监出差了，明天晚上才能赶回来；赵主管说会议可以晚一点开，不过最好是在明天中午以后，因为在这之前，她没有时间。还有，明天的会议室被其他部门占用了，所以您看要不要把会议安排到周四?”

经理听得一头雾水：“你重新给我理理，想好怎么说再来向我汇报!”

小李也一头雾水地关上门出去了，心想：自己说得没错啊，该说的事一件没落下，不该说的话一句也没说，怎么就惹经理生气了呢?同事小胡的一句话点醒了他：“你讲了半天才建议把会议安排在周四，还讲了一大堆没用的，毫无逻辑，没有重点，难怪经理会生气。”

小李听后恍然大悟，把自己的话整理了一番，再次推门进来："经理，我建议把今天的会议改到周四。因为王主任和周总监今天来不了，所以今天不行；而明天会议室又被占用，所以明天也不行。您看，这样行吗？"

经理听完点了点头："那就这样安排吧。"

越是复杂的事情，越需要先讲出结论，这样才能让对方第一时间听明白你的讲话内容。金字塔原理不是什么高深的理论，先说结论，然后再讲述事情的经过，这样对方才会迅速理解你的用意，从而达到沟通的目的。

说话重点要条理清楚

一个人说话总是毫无逻辑、不着边际，即使说得再多，别人也很难明白他说的究竟是什么。而如果能把想说的话分成一、二、三点，即运用“黄金三点论”，对方就会很容易理解你的意图。

“黄金三点论”，看似是一个专业术语，但我们对它再熟悉不过了。比如，学生“三点一线”的生活——宿舍、食堂、教室；时间段的划分——过去、现在、未来；事情的始末——开始、过程、结尾……

就说话技巧而言，“三点论”则是演讲界的万能模板之一。运用“黄金三点论”可以使我们的语言更具有条理性，更能突出重点，给观众留下深刻的印象。

一位新生代演员在众多竞争对手中脱颖而出，获得了最佳新人奖。以下是他的获奖感言：

“此时此刻，我真是百感交集，觉得有很多话想要和大家分享。不过，我想用三个词来概括我此时的感受：

“第一个词是感谢。感谢大家对我的信任和支持，感谢所有为这部剧默默付出的工作人员，感谢我的老师……总之，我感谢生命中遇到的每一个人。

“第二个词是责任。虽然我还很年轻，但这并不意味着要逃脱责任。对于一个演员来说，我的责任就是竭尽所能为大家带来更好的作品。

“第三个词是行动。纸上谈兵终究使不得，作为一个演员，我更加明白行动的重要性。所以，在以后的演艺道路上，我会脚踏实地，用作品说话，谢谢！”

这位演员用寥寥数语清晰地表达了自己获奖时的感受，相信每一位听者的脑海中都会不断回荡着三个词：感谢、责任和行动。这便是运用“黄金三点论”的效果。

在日常生活或工作中，我们常常会听到这样的话：“这个事情呢，我想分三个方面来谈……”“这个方法虽好，但是有三点需要注意……”“要想顺利完成这个任务，我们需要这样做，首先……其次……最后……”毫无疑问，这些话都运用了“黄金三点论”。

不过，有时我们觉得“三点论”所表达的主要观点有些分散。这时，我们可以把零散的重点收集起来，总结出一个中心要点，这样讲话的中心思想就会一目了然，并且有利于加深听者的记忆。

在一次产品推销会上，一位推销员这样介绍自己的产品：

“大家好！首先，我要感谢一下主办方，能让我有这样一个展示自己公司产品的机会。其次，要感谢现场的观众，是你们的热情让我有信心站在这里和大家一起分享我们的产品。大家知道，我们公司生产的手机一直受到广大用户的青睐，这是因为我们的产品质量有保障、服务最到位、价格最优惠。为什么这么说呢？下面，我为大家详细解释一下。

“第一，质量有保障。我们公司采用的是德国进口的精密仪器、上等制作材料，并采用科学化的管理体系，严格按照质量体系标准执行，所以坚实耐用是我们手机的一大特点。

“第二，服务最到位。很多消费者担心购买了产品后售后服务不到位，对于这一点，大家完全不用担心，因为我们公司的售后点已经遍布全国各地。哪怕是在一个小小的县城，也会有热情的服务人员接待您。

“第三，价格最优惠。‘好用又不贵’是我们公司的重要理念之一，虽然我们的产品质量和服务都是一流的，但是手机的价格却不是最贵的。我们始终坚信，只有质优价廉的产品才是客户最需要的产品。

“接下来，我为大家详细介绍一下我们今年的旗舰手机……”

在上述例子中，推销人员在开始分点讲述自己的产品之前，先是用一句话概括了该公司生产的手机的主要特点：质量有保障、服务最到位、价格最优惠。这时，就已经抓住了现场观众的心，然后详细讲述这三点内容，可谓深入人心，反响强烈。

以下是常用的“三点论”话术，仅供大家参考：

“我讲三点……”

“我讲三个例子……”

“我们分三个步骤走……”

“我就三个方面谈一下自己的心得……”

“我们目前有三个需重点解决的问题……”

“我就产品、市场和服务三个方面进行阐述……”

找准别人说话的关键词

也许，我们都有过这样的经历，在听他人讲话的时候，我们会觉得自己就像是在茫茫大海上，又或是身陷迷雾中，毫无方向感。明明已经打起十二分精神，可还是跟不上对方讲话的节奏。

出现这样的情况，原因在于，我们总是抓不住别人说话的重点。这样一来，我们就很难融入他人的谈话。那么，我们应该如何抓住别人说话的重点呢？

这里我建议大家，在与人谈话的过程中要善于抓住对方话语中的关键词。那么，何谓关键词呢？关键词都有这样的特征：描绘一些具体事实的字眼。透过这些字眼，你能了解对方的兴趣所在，能感受到对方的情绪。或者说，关键词就是句子中去掉修饰而剩下的主干部分。

实际上，如果抓住了聊天中的关键词，就等于掌握了整个谈话的重点。比如，对方说“最近几天的天气实在是太糟糕了，不知道什么时候才能有个大晴天”。这句话中的关键词就是“天气”。这时，你可以回应对“天气”的感受、看法，如：“是啊，每天连个太阳也见不着，早晚还挺冷。”这时，对方就会觉得你是在认真地听他说话，于是就会继续跟你聊起来。

那么，具体该怎么做呢？很简单，只要在和对方聊天的时候，抓住对方话语中的某一个关键词，然后根据这个关键词表达一下你的想法、感受，或是讲述一些和关键词有关的事就可以了。这里有一些具体的技巧，大家可以参考：

1. 重复句尾关键词

与对方聊天的时候，如果对方说话内容的关键词在末尾，就可以用疑问句重复一次，这样对方就会很有兴致地和你继续聊下去。

甲："昨天，一个朋友给我打电话，打了近一个小时。"

乙："一个小时？"

甲："是啊，他说他的心情十分糟糕。我一问，才知道他被骗了。"

乙："被骗了？"

甲："对，他说他中午吃饭的时候收到了一条短信。"

乙："一条短信？"

甲："嗯，是骗子发来的，短信上说他中了一台笔记本电脑，于是……"

2. 延续核心关键词

在聊天的时候，对方的一句话中可能包含几个关键词。这时，可以选取任意一个你感兴趣或是想要聊的关键词来延续话题。

甲："今天真倒霉，被主管骂了，心情真是糟糕到了极点。"

（这句话中有三个关键词——主管、被骂、心情糟糕，选取一个即可。）

乙："因为什么事情？"

甲："都怪我粗心大意，没注意稿子中的错别字，差点闹笑话。"

乙："我也有粗心大意的时候，被领导批评，心情糟糕透了。"

甲："对啊，而且我觉得在公司被骂，很没面子，一整天心情都不好。"

乙："我懂，我心情不好时特别想去购物，而且会疯狂消费，你也会这样吗?”

3. 寻找共同话题的关键词

人们都喜欢谈论自己感兴趣的话题，并喜欢将自己的知识、观点、看法和对方分享。如果能在谈话中找到共同话题的关键词，则能迅速打开话题，拉近和对方之间的心理距离。

甲:“我晚饭后出去跑步了，绕着我们小区跑了三圈!”

乙:“哦，你也喜欢跑步啊！我通常都是早上跑步。”

甲:“早上我也跑步，不过时间太仓促。”

乙:“其实，你可以买台跑步机，天气不好时，在家里跑就行。”

甲:“这个主意不错，可是我不大懂这个，你买了吗?”

乙:“嗯，买了，我给你推荐一个吧……”

第四章

开门见山，直奔表达主题

从对方感兴趣的事说起

与陌生人交谈，最难的是如何打开话题。每个人都有自己得意的事，并且喜欢被提及。也许在你看来，它不过是一件微不足道的事，但对于他而言却有着非凡的意义。所以，与人交谈可以从对方得意的事说起，这样在不知不觉中，话题就悄然打开了。

一座大型商场即将建成，只待装修工作完成，就可以招商营业了。不过，装修工作还没开始，各家装修公司就争得不可开交。原来，这座商场正好处在市中心，装修要求时尚豪华，这可是上千万的项目，大家争着抢着想要把这笔大买卖揽下来。然而，负责装修项目的吴经理是个金口难开的主，找过他的人都是扫兴而归。

李硕是一家装修公司的总经理，他也想争取到这个项目，于是准备去会一会吴经理。没想到，他刚进公司就被秘书告知："您只有 5 分钟的时间，如果超过 5 分钟，您就完了。他可是位严厉的大忙人！"李硕笑了笑回应道："谢谢，不过我会把 5 分钟变成 50 分钟的。"秘书不屑地点了点头。

李硕进去的时候，这位吴经理正在埋头整理文件。李硕没有打扰他，而是仔细打量起这间办公室的装修风格。1 分钟后，吴经理抬起了头，简单地寒暄过后，时间又过去了 1 分钟，还剩下 3 分钟。这时，李硕并没有开口谈生意，而是指着屋内的装饰说："吴先生，刚才我仔细地观察了您这间办公室的装修风格。老实说，我从事了这么多年的装修工作，还没有见到过这样古朴典雅的装修风格呢。”

吴经理高兴地回答道：“谢谢您的夸奖，这间办公室是我亲自设计的，当初花了好一番工夫。”

李硕点了点头，又指着地上的木板说：“如果我没猜错，这是英国橡木吧？也只有英国橡木有这样的色泽了。”

“对极了，”这位吴经理高兴地站起身来回答说，“当初为了买到这些橡木可费了一番周折呢，是我托一位英国的老朋友特意按照我的想法去挑的。”说完，吴经理带着李硕仔细参观起办公室来。

而这时 5 分钟已经过去了，显然这位吴经理心情十分好，没有意识到时间的流逝。就这样，一个小时过后，他们才结束了谈话。当然，最后李硕成功地拿到了订单。

为什么吴经理最后把这笔大生意给了李硕而不是其他人？如果当时李硕也像其他人那样一进去就谈生意，那么很可能 5 分钟过后，这位吴经理就会让他离开。显然，李硕没有这么做，而是谈起了吴经理引以为傲的事——办公室的装修，从而打开了话题，争取了时间。就这样，李硕成功拿到了这笔订单。

那么，去哪里探听对方的得意之事呢？你可以在拜访对方之前做一些准备，如收集对方的资料，了解对方的成就、兴趣爱好等。如果你认识对方的朋友，也可以向其朋友打听这些事情。

不过，在谈论他人的得意之事的时候，一定要诚恳，发自内心地敬佩，这样才能打动他，引起他的好感。另外，一定要言之有物，说的话要切合实际。比如，到别人家里做客，我们不要不切实际地乱捧主人，而是应该说一说他房间的布置，比如装修风格、精美的壁画、精巧的盆栽等。

总之，如果你能很自然地讲到对方得意的事情，就一定能成功地打开他的话匣子。

漂亮的开场话给人留下好印象

俗话说："好的开始是成功的一半。"说话也是如此，漂亮的开场话总是能够让你先声夺人，给人留下深刻的印象。如果你是一个演讲者，漂亮的开场话会帮你吸引更多人的目光；如果你是一位销售人员，漂亮的开场话会帮你赢得客户的青睐；如果你是一位求职者，漂亮的开场话会帮你提升印象分……

演讲中的第一段话非常重要。高尔基也曾说："开头第一句是最困难的。它好像在音乐里给了全篇作品以音调，演讲者往往要花费很长时间才能找到它。"对于一名演讲者而言，演讲开始的几分钟至关重要。如果有漂亮的开场话，就足以抓住听众的心。

某学校正在举行一场演讲比赛，已经有十多位同学上台演讲了，但他们的开场话出奇的一致："同学们好，各位评委老师好，我是……我演讲的题目是……"大家听着毫无新意的开场话，昏昏欲睡。

这时，一位同学走上了演讲台："未来的工程师、会计师、厂长、经理们，大家好!"仅此一句，便吸引了所有人的目光。这位同学清了清嗓子，开始了他的演讲。

我们都有过上台演讲或发言的经历，也看到过"千人一腔"的现象。如果想脱颖而出，漂亮的开场话就必不可少。休斯敦的一位演说家说："据我了解，幽默的目的在于让听众喜欢上讲演的人。如果他们喜欢讲演的人，那么也必定喜欢他所讲的内容。"因此，我们可以运用幽默的艺术去开场，帮助自己与听众建立良好的关系，从而达到想要的演讲效果。

曾经有一位身材高大、五官也长得出奇的演讲者上台演讲，他首先环顾了一下四周，然后用小镜子看了看自己，开口说："女士们，先生们，你们已经看到我是个什么样的人了。"说着，他用手指了指自己，之后接着说："我的耳朵很大，像贝多芬的耳朵。长大以后，我曾因为有这样的耳朵而感到害羞。不过，现在我对它们已经习惯了。说到底，它们对我站在这儿演讲并没有什么妨碍！"台下一阵哄笑。

由此可见，在演讲的时候适当开开自己的玩笑，能帮助你稳定情绪，快速进入状态。与此同时，还能拉近与听众之间的距离，给听众留下深刻的印象。

对于一名销售人员来说，一个漂亮的开场话能迅速打开话题，赢得对方的青睐。一般来讲，销售人员的开场话应该包括三点：第一，感谢、寒暄与赞美；第二，自我介绍或问候；第三，说明来访的目的。

一位销售人员来到了客户的办公室，说："王总，您好！看您这么忙，还抽出宝贵的时间来接待我，真是非常感谢！"接着，他环顾了一下四周继续说："王总，看您的办公室装修得如此精致、简洁，可想而知，您必定是个做事干练的人！"（寒暄、赞美）

一番寒暄后，销售人员拿出了自己的名片："这是我的名片，请多指教！"（自我介绍）

互相了解后，销售人员继续说："王总，现在市场竞争激烈，合理优化配置、节省成本成了所有企业关注的焦点。我想，王总对这方面也很在意吧？我们公司便是专门提供这方面服务的，所以，我今天来是想与您简单交流一下，看有没有什么事是我们公司能协助得上

的。”（说明来访目的）

如果你是客户，也愿意与他谈一谈吧。这便是漂亮的开场话带来的效果。而且细心的你一定也发现了，这位销售人员在表明自己来意的过程中一直在陈述能给客户带来什么价值，这一点十分重要。这就好比不同的人在购买衣服时，有的人考虑的是衣服的品牌，有的人考虑的是衣服的质量，有的人考虑的是衣服的款式，等等。总体来说，对方关注的就是这件衣服的价值所在。因此，如何找出客户最关注的价值并陈述给客户听，在开场话中十分重要。

如果你是一名求职者，好的开场话定能为你加分，从而影响到面试官对你的印象。但在面试中，不少求职者在做自我介绍时，十分啰唆。仅是面试官的一个问题，他就说了十多分钟。这样不仅占用过多时间，而且让人觉得乏味。

那么，应该怎么介绍自己呢？来看一看这位求职者是怎么做的：

今天能在这里参加面试，有机会向各位请教和学习，我感到十分荣幸。通过这次面试，我可以把自己展现给大家，希望你们能记住我。下面，我介绍一下自己的基本信息。我平时喜欢看书、摄影和运动。性格活泼开朗，关心身边的人和事，和亲人朋友能融洽相处，能做到宽容和理解，对自己和生活充满信心。

我曾在一家文化传播公司做了两年的图书编辑，稿件涉及财经营销、亲子家教、保健养生、成功励志等方面。在任职期间，我学到了很多知识。加入贵公司是我一直以来的愿望，如果这次能够顺利入选，我坚信自己能够在贵公司得到锻炼和获得发展的机会，并为贵公司创造更多的价值。

这位求职者干净利落的开场话必定给面试官留下了深刻的印象。当然，在介绍自己经历的过程中，还要注意语气，要给人留下以自信、谦逊、不卑不亢的印象。

开门见山，直奔主题

如果你打电话邀请一位朋友一起去看电影，需要多少时间？你可能会脱口而出：几句话的事，也就一两分钟吧。但是，你猜下面这位朋友用了多长时间？

甲：“请问老季在吗？我找老季。”

乙：“我就是，请问你是谁？”

甲：“我是谁？我是谁你不知道啊？不知道的话你猜猜。”

乙：“猜？猜不到。”

甲：“使劲猜！”

乙：“真猜不到，你是？”

甲：“我姓罗。”

乙：“哦，罗兄啊。”

甲：“对对对，是我。我正找你呢。今天晚上有什么事吗？”

乙：“没事呀。”

甲：“那好极了，听说最近有一部电影不错，去看电影不？”

乙：“行啊，什么电影？”

甲：“你猜。”

乙：……

半个小时后，甲终于把事情说明白了，而他只不过是想说一句话：今天晚上7点一起去电影院看电影。

当然，这只是一个笑话。但是，本来一分钟就能讲明白的事情，甲却足足讲了半个小时。这就给了我们一个启示，说话要开门见山，直奔谈话主题，往往更见效果。

相信很多人在网上聊天的时候，总是喜欢问别人“在不”“在吗”之类的话，难道你没感觉到自己是在浪费时间吗？

甲：“在吗？”

乙：“嗯。”

甲：“问你件事。”

乙：“说。”

甲：“我可以问你一些关于人际交往的问题吗？”

乙：……

当别人在线时，你可以得到及时的回复。但是，如果对方不在线，对话就会变成这样：

甲：“在吗？”

乙：“在。”（5分钟后）

甲：“问你件事。”

乙：“说！”（10分钟后）

甲：“我可以问你一些关于人际交往的问题吗？”

乙：……（1个小时后）

如果你能直接开门见山地说：“你好，打扰一下，我可以问你一些关于人际交往的问题吗？”这样，5分钟之后你就会得到答复。但是，你把一句话拆成了若干句话说，一个小时后你才得到想要的答案。遇到小事还没什么，但如果是一些比较重要的事情呢？岂不因为你说话委婉而耽误了时机？要知道，并不是每个人都会一直盯着手机。尤其是在工作的时候，大家很忙，不能及时回复也很正常。所以，在聊天的时候，我们尽可能不要拖泥带水，而要开门见山，直接说正事。

张雷，人们都叫他“雷子”。人如其名，雷子性格直爽，说话常常是开门见山、单刀直入，绝不拖泥带水。朋友给他打电话，他永远是那句标志性的话语：“哥，什么事？你说。”他向朋友寻求帮助的时候也是直接爽快：“明哥，你有时间吗？我不在老家，朋友家里办喜事，你帮我随份礼金吧。”

相信你的身边也有很多像雷子这样的朋友，他们说话干脆利落，有什么事开门见山，从不浪费彼此的时间。跟这样的人做朋友，你会发现自己的办事效率特别高。

这是一个快节奏的时代，没有人想浪费自己的时间听你委婉含蓄的话，也没有人愿意花很多的时间去揣度你的心事。所以，你需要什么、想要表达什么，只要场合合适，开门见山地说就好。

把话说得天衣无缝

说话表达在人际交往中并非小事。有的人说话缺少推敲、漏洞百出，让人一问其中的问题便会哑口无言。如果被对方抓住了语言破绽，更是尴尬万分。所以，语言不严谨、表达不周密，就会给人一种不诚实、胡编乱造或者敷衍的印象。

“道德”说起来是一个让人难以亲近的概念，僵硬而刻板。但在现实生活中，我们又不可避免地和道德发生着各种各样的关联。工作要讲职业道德，公共场合要讲公共道德，商业生活要讲商业道德。总之，各式各样的道德规范着我们的日常生活。人与人的语言交流——表达，也有自己的道德原则。

首先，与人交谈要诚恳、信实，不虚美。

唐代的古文运动主张要根除前朝文风中的浮华矫饰，提倡作文要言之有物，有真情实感。这虽然是千年以前的老夫子讲怎么写作，但作为对于当今讲话的要求仍是适合的。

西方有句格言：“诚实是最好的策略。”诚实常常比欺骗能给一个人带来更大的好处，尤其从长远和总体利益来看更是这样。只有平时说话做事诚实，绝不撒谎骗人，这个人才可能得到别人的尊重，在社会中获得应有的立足之地。

说话诚实不仅仅是说话的内容要真实，不能撒谎骗人，而且语气也要诚恳，才能够真正打动别人，收到事半功倍的效果，是所谓“以诚动人”。

其次，与人交谈要记得言多必失，应当审慎。

有个笑话就能说明这个道理。警察在一条新开辟的隧道里迎来了第1000辆通过的汽车，代表市政当局赠送给驾驶人1000元的幸运奖金和一枚纪念章，顺便问道：“你拿了钱打算怎么使用?”“首先，我要领取一份驾驶执照。”驾车人回答。他太太忙解释说：“警官，我丈夫喝了酒，总是胡言乱语。”他那耳聋的妈妈补充说：“你看，我早知道，你偷了汽车，逃不了多远的!”故事虽然极端了些，道理却是颠扑不破的。

再次，要言行合一重承诺。

这是我们国家的优良传统，只有言行合一才能取得别人的信任。

最后，合情合理能服人。

讲话注重逻辑，不搞偏门，才能获得别人的理解。

一个口才出众的人说出的话也一定是严谨周密的，符合思维逻辑，叫人听不出错误和漏洞。把话说得滴水不漏，是交际和表达的一大基本功。

养成说话自我检查的习惯

曾子曰："吾日三省吾身——为人谋而不忠乎？与朋友交而不信乎？传不习乎？"后来，人们常用"吾日三省吾身"来提醒自己要经常反省自己的行为。说话也应当如此，说话之前要思考，说话之后要检查。只有这样，才能不断提升说话的品质。

当然，与朋友、家人的谈话，不必在意是否有确切的含意。只要大家意思相通，即使是无趣的长篇大论也不是不可以。但是，在生意场上，你最好不要说那些"无意义"的话。

要想避免那些"无意义"的话语，就必须在心中过一次"安检"，养成检查说话内容的习惯。

1. 检查自己话语的内容

在说话时或谈话完成后，可以检查这几个方面的内容：自己说的话是否简练，是否说了无意义的话，一分钟说了哪些内容，是否说出了重点，是否表达充分了，是否能在一分钟内结束等。

如果是一分钟的讲话，检查很容易。但是，如果是长时间的演讲，我们应该每隔一分钟就让大脑停下来检查一次。这样一来，在整个演讲过程中就会形成多个检查点。也许刚开始的时候有点难，但只要经过一段时间的练习，就能养成边说边检查的好习惯。

2. 检查对方的反应

我们可以发现这样一种现象：老师在讲台上讲得口沫横飞，而学生却还是睡倒一片；领导滔滔不绝地演讲，台下的下属佯装在听，思想却早已开了小差；主持人虽然妙语连诛，但是观众却不耐烦地埋怨道："怎么节目还不开始?"

如果你是上述情景中的讲话人，必定想让你的话语更有魅力，从而吸引你的听众。这时，你可以通过间接地观察听者的反应来适当调整自己说话的内容、方式，或转换主题，或调整语速、节奏。对方的反应包括是否有发言或是发问，是否表现出烦躁的情绪，是否有"嗯嗯""喔喔"之类的反应，是否注视着你，等等。

总之，要想把话说正确，必须养成自我检查的习惯。只有这样，你才能不断发现说话过程中的不足，进而不断改进。

让初次见面给人留下好印象

在人际交往中，与陌生人见面，自我介绍这张名片是必不可少的。有些人即使和别人见过很多次面，对方也不一定会记得他，而有些人初次见面就会给对方留下深刻的印象。假如你有一分钟的时间，你会怎样介绍自己呢？下面，就介绍几个小妙招：

1. 我是谁

这是最基本的自我介绍，适用于大多数场合。一分钟的时间，你可以介绍自己的姓名、学历、工作、兴趣爱好、家乡、家庭情况等。具体介绍哪些内容，应该视不同场合而定。

（1）姓名。介绍姓名一般中规中矩就好。比如："大家好，我叫李梅，很高兴认识大家。"当然，也可以根据场合适当"秀"一下自己的名字。比如你叫刘星，你就可以说："大家好，我叫刘星。不是天上的流星，而是接地气的刘星，刘德华的刘，周星驰的星。希望大家喜欢我。"

（2）学历。在面试的时候，难免要谈到学历问题。这时，可以先说出吸引人的部分，比如学校是名校就先说学校，若是高学历就先说学历。如果学校和学历都一般，就可以着重讲讲成绩。

（3）工作。介绍工作的时候，可以根据不同场合说一说自己的工作单位及职务。

（4）兴趣爱好。无论是与客户还是陌生人交谈，都可以谈谈自己的兴趣爱好，从而拉近彼此之间的距离。

（5）家乡。所谓“一方水土养一方人”，适当谈谈自己的家乡是一种很好的打开话题的方式。比如，说说家乡的美景、美食、人物，通常会引起他人的共鸣。

（6）家庭情况。这原本属于私人话题，但是如果场合合适，也可以做一番家庭介绍，用亲情牌打动别人。但要注意，如果你的家庭条件较好，最好不要炫耀。

2. 做过什么

真实的经历更容易吸引对方，让对方关注你。所以，要适当谈一谈你的经历，给人留下一个可以亲近的印象。

（1）亮出你的成就。谈经历的时候，不妨说一说自己取得的成绩。这不是为了炫耀，而是为了证明自己的能力。比如，在谈合作的时候，谈一谈自己的成就可以让他人对你产生信赖感。

（2）用成长经历吸引人。这种成长经历可以是心理方面的，也可以是事业方面的。不论哪一种，适时谈一谈，让对方看到你一步一个脚印的成长轨迹，都会让对方被你的经历吸引，被你的魅力打动。

（3）善于运用数字的力量。在谈经历的时候，要善于运用数据。比如面试的时候，你说自己有丰富的工作经验，这是一个十分模糊的概念。倘若你说自己有八年的某方面的工作经验，无形中就增加了自己的含金量。不过要注意，你的数字要可信、可靠，不可胡编乱造。

3. 能做什么

在自我介绍时适当讲一讲自己的优势，尤其是对方所需要的优势，这一点十分重要。

（1）总结你的优势。亮出你自身的优点和特质，展示出你与众不同的能力，使之成为你的核心竞争力。比如，职场应聘时，谈一谈自己的性格优势、资源优势、人脉优势等。

（2）找到对方需要的优势。有时，即使你亮出几张底牌，若不是对方想要的，那也是白费力气。如某一家公司需要的是责任心强、抗压能力强的人，而你却大谈自己的兴趣爱好。显然，你所谓的特点在对方看来并不是亮点。

（3）用事实证明你的优势。自我介绍不能夸夸其谈，要想让别人信服你，需要用事实证明你的优势。比如，讲一件成功利用自己的优势做成某事的事例。

掌握了以上妙招后，在进行自我介绍时还要注意以下两点：

1. 修炼自己的语言

自我介绍时，应使自己的语言简洁、有力，不要过于冗长，不同场合要注意不同的用语。比如，做礼仪式介绍时就应该多用一些谦辞、敬辞，以表示对他人的尊重。

2. 善于使用身体语言

为了让别人记住你，给人留下一个好的印象，还要善于使用身体语言，比如适宜的衣着装扮、恰当的举止、赏心悦目的仪容以及真诚自然的态度等。

第五章

主动提问，掌握表达主动权

提问要唤起对方的好奇心

我们在写文章的时候，为了引起读者的兴趣，会在文章的开头提出一些有趣的问题。比如，一本书的开头这样写道："你知道大海深处是什么样吗？"开篇一句话就吸引了读者，让人对大海深处的世界充满了好奇和想象。

同样，我们在说话的时候，如果只是毫无新意地平铺直叙，就很难引起对方的兴趣，而适当地提出一些新鲜的问题，则能唤起对方的好奇心，你的提问也会很快得到回应。

下面是一位保险推销员和一位客户的对话：

推销员："5 公斤软木，您打算出多少钱？"

"我不需要什么软木！"客户回答说。

"如果您坐在一艘正在下沉的小船上，您愿意花多少钱呢？"

如果你是客户，这样的提问必定能引起你的好奇心，并引发你对保险的重视。因此，我们在提问的时候，不妨用一些大胆、强烈的问句，直接或间接地引出谈话主题。当然，在这个过程中，如果你能配合一些技巧和动作，就更能吸引对方。

有一位非常成功的销售员，推销的时候总是带上一些新奇的玩意儿，配合他的高超谈话技巧，成功地说服了许多顾客。因此，人们给他起了个绰号，叫"花招先生"。

一次，“花招先生”去一位客户家推销空调。他先是拿出一个蛋形计时器放到桌子上，然后说：“请您给我三分钟的时间，如果三分钟后，您还是对我说的话没兴趣，我马上离开。”

这位客户十分好奇，饶有兴味地听他要说什么。

“请问您知道世界上最懒的东西是什么吗？”推销员问道。

“这个……”顾客摇了摇头，表示不知道。

“就是您藏起来不花的钱啊！它们本来可以用来购买空调，让您度过一个凉爽的夏天。”推销员一副认真的样子解释道。

客户笑了笑，赞同道：“是的。”

这位推销员总是随身带着蛋形计时器、闹钟、20 元面额的钞票等各种各样的小玩意儿，用他们来稳住客户，然后提一些新奇的问题，让对方对他的产品产生兴趣。所以，我们在说话的时候，可以用提问的方式适当制造一些悬念，引起对方的好奇心，然后再顺水推舟地说出我们想要表达的内容。

一位资深的销售人员曾这么说：“你花了 30 秒的时间开始你的谈话，如果你的客户问你在干什么，或是你的东西是什么的时候，就表示客户已经对你的产品产生了兴趣。如果 30 秒过后，他们仍然告诉你没有时间或是没有兴趣，那就说明你的这些话语是无效的。这时，你就应换一套提问方法。”

比如，你是一位保险推销员，可以这样问：“您知道一年只需要花几块钱就可以防止火灾、水灾和失窃吗？”这时，对方一定很愿意听你讲解。你就可以接下去说：“您有兴趣了解我们公司的保险吗？听我的介绍，您就知道了。”

如果你在推销电脑，就不要喋喋不休地问客户有没有兴趣买一台电脑，或是问他们是否需要一台电脑，而应该这样问：“您想知道一台电脑的使用寿命是多少吗？”或是：“您知道一台办公效率高的电脑能为您省下多少时间吗？”这样必定能吸引他的注意力，而你的推销就可以很顺利地开始。

其实，诸如此类的提问有很多，下面一些提问仅供大家参考：

“我想借两万元，不知道您能不能帮我？”

“我的水喝完了，不知道能不能接些水？”

“我刚刚在和您的同事××谈话，是他建议我顺道来找您谈谈的，请问他在吗？”

“老板说，如果我再做不出业绩来，我就要卷铺盖走人。不知道你们这儿还缺人吗？”

提问要问到点子上

著名物理学家爱因斯坦曾说：“提出一个问题比解决一个问题更重要。”但是，提出一个好问题谈何容易。我们经常可以看到一些提问受挫的人埋怨：“昨晚没睡好，所以今天的提问才如此糟糕。”“对方也太难沟通了，问三句答一句。”“今天心情很糟糕，所以问问题时有点鲁莽。”

其实，这些人只是在为自己找借口罢了。这样的人通常会把责任归咎于他人，自己却不能清楚地认识到问题的关键所在，所以提出的问题模模糊糊，得到的回答当然也是模糊的。要想在提问时不模糊，我们就必须抓住问题的关键。否则，你很可能会被对方牵着鼻子走，忘了自己本来的想法和目的。

一个年轻人想买一辆汽车，但是自己的钱不够，想要跟父亲借点儿。于是，他对父亲说：“爸爸，我想买一辆车，但是钱不够，能借我点儿吗？”

父亲：“你考驾照了吗，就想买车？”

儿子：“考了，驾照已经拿到手了。”

父亲：“你为什么要买车呢？”

儿子：“上班方便些，不想挤公交、地铁。”

父亲：“你刚上班，钱挣得也不多，买车的事先缓缓。我送你上班吧，或者你开我的车。”

儿子：“我才不想开你的车呢，又旧又笨重，还很费油。”

父亲：“车是旧了点，但起码能代步吧？”

儿子：“能是能，但是开出去……”

父亲：“怎么，开我的车还怕给你丢面子？”

儿子：“我就是不想开你的车，我要自己买一辆。”

就这样，父子两个人因为买车的事而吵了起来。

其实，这位年轻人只是想向自己的父亲借钱，但是最后却由“借钱”偏到了“面子”问题上。这是因为，这位年轻人自始至终都没有抓住问题的关键——借钱，而是一直被父亲牵着鼻子走，最后只能和父亲吵起来。如果这位年轻人能以“借钱”为出发点去提问，比如问：“爸爸，我能借10万块钱吗？”这时，父亲一定会因为数目过大而反驳，这样儿子便能讨价还价，最后借到钱。

那么，该如何抓住提问的关键呢？让我们来看下面一个例子：

一位游戏软件推销员去客户家推销游戏软件。一进门，他就说：“先生，您好！这是我们公司最新的游戏软件，里面集合了经典游戏和当下最流行的游戏，您要看一看吗？”

客户说：“我都这么大的人了，还玩什么游戏，不需要。”推销人员碰了一鼻子灰，回去了。

第二天，又有一位游戏软件推销员去推销游戏：“您好，这是……”还没说完，客户就打断了他的话：“不用了，我这个年纪不玩游戏，你请回吧。”这位推销员听后，并没有走，而是问了句：“您的孩子现在是上幼儿园吧？”

“是的，已经上大班了。”

“这个阶段正是孩子智力开发的重要时期，我们设计的这些游戏有助于提高孩子的智力。”说着，推销人员就给客户演示了起来。

客户看完后，有一点心动了，不过还是有些犹豫。推销人员说：

“现在是互联网的时代，孩子学习也不能仅限于书本上的知识，而是要与时俱进。您觉得呢?”

客户听完后点了点头，买下了这款游戏软件。

第一位推销员没有找到问题的关键所在，只是大肆吹捧自己的游戏软件，所以碰了一鼻子灰。而第二位推销员则找到了问题的关键所在，所以最后成功地卖出了自己的产品。

从中我们不难发现，要想找到提问的关键，就要把提问的目标和对方的需求紧密结合起来。因此，在提问的时候，我们要善于寻找对方的需求，并根据对方的需求来提问题，这样便能问到点子上。

提问要牵着对方的思维走

一些人在喝咖啡的时候，喜欢往里面放一个鸡蛋。特别是在香港的一些茶室，客人要咖啡的时候，服务员通常会问一句："要不要放鸡蛋？"但是，心理学家建议，最好不要这样问，而是应该问："放一个还是两个鸡蛋？"为什么这么说呢？我们先来看一则小故事：

在一条街上，有两家粥店面对面开着。两家店差不多，卖一样的粥，做一样的茶叶蛋，每天出入的顾客人数也差不多。虽然是小生意，竞争却很激烈。两家店的老板都摸不清对方的实际状况，于是各自找了一个服务员去对方的店里探查。

先是东边粥店的人进了西边的店，他要了一碗粥。当服务员端上热气腾腾的粥的时候，顺便问道："先生，您加茶叶蛋吗？"就这样，他要了一颗茶叶蛋，吃起来。他发现每进来一位顾客，服务员都会问"加不加鸡蛋"，客人有加的，有不加的。除此之外，和自己的店里没什么不一样。探查完毕，他回去向老板汇报了情况。

不一会儿，西边粥店的人去东边的店探查。同样，仔细探查了一番后，发现这家店的情况和自己店里的差不多，只有一点不同，那就是当服务员端上粥的时候，他们这样问："先生，您加一颗茶叶蛋还是两颗茶叶蛋？"探查完毕，他回去也向老板汇报了情况。

半年后，东边的粥店越做越大、越做越红火，而西边的店则越开越小。原来，这个钱差在了茶叶蛋上。东边的店每天能卖出 200 多颗茶叶蛋，而西边的店一天只能卖出 30 多颗。按照 1 颗鸡蛋 1 块钱来算，一天就差 170 多元，一个月就是大约 5000 元！仅仅是因为不同的问法，就差了这么多钱。

其实，东边这家粥店运用了“二选一法则”，又叫“封闭式提问”。这种提问方法能缩小选择范围，让顾客在不经意间顺着你的思路走。比如，你想约一个人见面，如果你问有没有时间，对方通常会回答“有”或“没有”。而如果你这样问：“你周六有时间还是周日有时间?”这时，对方就会顺着你的思路去想，告诉你周六或周日。显然，这样的答案才是我们想要的。

经验丰富的推销员总是会问：“您喜欢浅色还是深色的衣服?”“您觉得这个颜色好还是刚才那个颜色好?”因为作为销售高手，他们深深懂得利用“二选一法则”来促使消费者购买他们的产品。

类似这样的提问还有很多，比如：

“您喜欢喝咖啡还是茶?”

“您要买布艺的还是皮质的?”

“您喜欢单开门的，还是双开门的?”

“您要便宜一点的还是贵一点的?”

“您是选这个套餐还是那个套餐?”

其实，一旦推销员提出这样的问题，无论客户选哪一个，他们的推销目的都已经达成了。

不过，在运用“二选一法则”的时候，也要注意以下几点：

1. 选择滞后原则

在提问时，把希望对方选择的话放在后面，人们通常会选择它。比如，你可以这样说：“您买一件还是两件呢？两件可以换着穿。”绝大多数顾客会脱口而出：“那就两件吧。”再比如，你不太想帮别人带东西，就可以这样说：“是我帮你拿回去呢，还是你自己拿回去?”这样一说，既能让对方感觉到你是在关心他，又能让对方因为不好意思而选择自己拿回去。

2. 不要频繁使用

人们最怕啰唆的人，如果在短短的一分钟内你频繁使用“二选一法则”，就会让对方觉得你是在强迫他，自然会对你产生抗拒心理。比如，当你刚进入商场时，一些推销员就追着你问：“您买裤子还是衣服?”“您喜欢哪种款式，是这个还是那个?”“您喜欢明亮一点的还是暗一点的颜色?”想必听到这样的话，你也会失去购买兴致的吧。

遇到问题就真诚地直接提出来

直接提问总给人一种唐突的感觉，所以很少有人采取这种直截了当的方法。事实上，一门心思给语言披上华丽外衣的人，往往会错失机会。

一个小镇上有一条街，全部商户都是做绸缎生意的，竞争十分激烈。虽然每天过往的顾客络绎不绝，可是真正进店里买的人却不是很多，很多人都是看一看就走了。在街东角新开了一家店，店主姓王。新店开张本来是一件喜庆的事，可是这位王掌柜却愁坏了，因为开张几天了，还没有一位顾客光顾。但是，对门那些老字号的生意却十分红火。

有人对王掌柜说："王掌柜，做生意你得让大家看到，让大家知道你在做什么生意。把你的绸缎挂出去，人们看到了自然会买。"王掌柜一听，急忙找人在外面搭起几根竹杠，把绸缎挂了出去，吆喝了起来："快来看看哟，物美价廉的绸缎。"王掌柜的嗓子都喊哑了，可是买的人还是很少，大多数人只是过来摸摸、看看，摇摇头就走了。

王掌柜不知道为什么自己的绸缎卖不出去，十分苦恼。这时，恰巧一位朋友经过这里，对王掌柜说："为什么不直接去问问人们需要什么样的绸缎呢？也许你卖的并不是他们所需要的，即使你的丝绸再华丽，他们也不会买的。”王掌柜点了点头，若有所悟。

不一会儿，一位妇人过来看绸缎。王掌柜问道：“您要买什么样的绸缎呢？”这位妇女答道：“我本来想买薄一点、花纹多一些的绸缎，可是你这里的绸缎太厚了。这里四季如春，即使是冬天，也穿不了你这么厚的绸缎。”于是，妇人摇摇头走了。王掌柜这才明白，原来是自己绸缎的料子太厚了。于是，他立即换了一批薄一点的绸缎挂在外面。果然，渐渐有了生意。

很多时候，如果话说不到点子上，即使说话再动听也没有效果。就像这位王掌柜一样，人们需要的是薄一点的绸缎，他却把人们根本不需要的厚缎子挂了出去，即使他再吆喝，人们也不会买。

现实中，很多推销员为推销不出去产品而苦恼。其实，你可以问一下自己这几个问题：我有询问过客户的需求吗？为客人提供服务时我是否直率地要求对方给自己一个满意的价格？我是否真诚地询问过对方怎样才会认可自己的服务？

有一位图书推销员，在见到顾客后，她总是直截了当地提出三个问题：

第一个问题：“如果我送给您一套提高个人效率的书籍，您打开书发现内容十分有趣，您会读一读吗？”

第二个问题：“如果您读了之后非常喜欢这套书，您会买下吗？”

第三个问题：“如果您没有发现其中的乐趣，您把书重新塞进这个包里寄回给我，行吗？”

就是凭借这三个问题，这位图书推销员获得了巨大的成功。后来，这三个问题被该公司的全体推销员所采用，这家公司的业绩也蒸蒸日上。

如果我们能在提问的同时给出问题的答案，而这些答案正好是对方所需要的，那么我们的提问就成功了。

一位推销员在见到一位客户后这样说：“我叫××，是××公司的销售员。我可以肯定，我的到来不是给你们添麻烦的，而是来与你们一起处理问题，帮你们赚钱的。请问，您对我们公司了解吗?”

看到客户不说话，推销员继续说：“我们公司已有 20 多年的历史，在这个行业内，我们公司规模最大，我们的产品占有 30% 的市场，其中大部分都是回头客。对于您来说，这些也正是您的公司所需要的。”

这样一个简单的自问自答，不仅会吸引对方的注意，还会让对方迫切地想知道他过去的客户得到了哪些利益，而自己将会从中得到哪些好处。所以，谈话也就顺利展开了。

问题不需要伪装，直接提问就可以了。如果你想见某人，就拿起电话直接打给他，诚意地邀请对方；如果你遇到了困难需要朋友的帮助，就直接真诚地提出来；如果你想要加薪、提升职位，就直接找上司沟通。要记住，问题不说出口，你只会与机会失之交臂，而简单直接的提问不一定会得到对方的有效回应，但是至少为自己争取了机会。

换一种方式去问

球王贝利超凡的球技令千千万万的球迷心醉，即使是赛场上的对手也十分敬佩他。在贝利获得“球王”的称号后，有人问贝利：“你哪个球踢得最好？”贝利回答说：“下一个”。

当贝利创造了进球满一千的纪录后，有人问：“你对这些进球中的哪一个最满意？”

贝利回答说：“第一千零一个。”

我们每天都会向他人提问题，比如：“你中午吃饭了吗？”“你坐公交车吗？”“怎样才能保持好身材？”“哪个牌子的衣服好？”在这些问题中，有的提问得到了很好的答复，有的提问则被别人抛在一旁。这是因为，有的问题已经是被人问烂了的问题。我们来看下面这个例子：

一位当红歌手刚出了新专辑，媒体纷纷抢着采访、报道。

记者：“你对自己的新专辑满意吗？”

歌手：“还好。”

记者：“哪一首歌是你最满意的？”

歌手：“下一首。”

记者：“在以后的专辑中，你还会坚持这种风格吗？”

歌手：“会的。”

记者："歌词的一些内容和你自己的亲身经历有关吗？"

歌手："是的。"

在以上对话中，很多问题的答案是尽人皆知的。所以，这样的提问毫无意义。在实际生活中，我们也常常不注意提问的有效性。比如，你问一个朋友："怎样才能减肥呢？"对方很有可能会回答："多运动。"这样的回答显然没有实际意义，而造成这种情况的原因就是你的提问本身缺乏实效性。

如果我们换一种方式去问："你觉得怎样减肥更有效，是坚持锻炼，还是合理搭配饮食？"这时，你的朋友就会给出他的建议："以我的经验来看，多运动更有效。不过，你可以都试试，或者将两者结合起来。"由此可见，只有具体的、实质性的提问，才能得到你想要的答案。

说话本来就不是一件简单的事，做到有效提问更是不易。不过，如果你在提问时能坚持以下原则，你将发现你的提问越来越有价值。

1. 提问前要了解提问对象

在提问之前，要观察一下提问对象。如果对方是一个性格豪爽的人，你不妨把问题直接摆出来；如果对方是一个性格内向的人，就应该注意提问的言辞。比如，你向客户推销一件商品，对于性格豪爽的人，你应该这么说："伙计，这家伙的性能还不错吧？"而对于性格内向的人，你应该这么说："您觉得我们的商品怎么样？"

2. 避免言语浅薄

我们发现很多提问之所以无效，是因为提问者的问题太过浅薄、简单，甚至是一些不用思考，直接就能给出答案的问题。比如："茶壶响了，是水开了吧？""天气预报说今天有雨，看这天气，是要下雨吧？""你喜欢运动吗？"如果不能确定自己的提问是否有意义，可以尝试回答自己提出的问题，看自己能否回答得上来。

3. 注意提问的表述方法

一名保险推销员在向一位女士推销保险的时候，这样问道："您是哪一年生的?"结果，这位女士十分生气，起身走了。这名推销员吸取了教训，当他向另一位女士推销保险的时候，这样问道："在这份登记表中，要填写您的年龄，有人愿意填写大于 21 岁，您愿意填吗?"

由此可见，在提问题的时候，一定要注意表述方法，注意自己的言辞。

4. 善于运用肯定句提问

要善于用肯定句提问，如："你已经……吗?""你有……吗?"或是把你的主导思想放在一句话的前半句，用提问的方式表达出来，如："现在很多公司都有先进的管理软件，不是吗?"在通常情况下，如果你说的话既符合事实，又与对方的看法一致，你就会收到确切的答复。

利用好奇心制造悬念

在某一年的愚人节，电视中出现了这样一则广告：不能化妆，不能整容，如何让一个人看起来更美？然后，屏幕下方仅有这样一句话：4 月 8 日揭晓悬念。这个被网友们称为“史上最难话题”的广告掀起了轩然大波，大家都想知道这家以传统家电制造为主的企业究竟在卖什么关子。

这则广告其实是充分利用了消费者的猎奇心理。如果你听过评书，就会发现，每当一回结束的时候，说书人都会抛出一句“欲知后事如何，请听下回分解”。由于好奇心，我们想知道后续发生了什么，于是一面猜想着后面的故事情节，一面带着疑问去听接下来的评书，直到听完为止。

这就给了我们启迪，在提问的时候，如果你能让对方主动问我们“后来呢”，就说明对方对我们的话已经产生了兴趣。而如果你是一名销售员，也许这个方法能帮你拿下一笔大订单。

张铭高中毕业后就在大城市打拼，转眼五六年过去了，他已经成了一名经验丰富的房地产销售人员。每当有难搞定的客户时，只要张铭出马，定能摆平，因为在这几年的摸索中，张铭已经总结出了一套提问技巧。

一天，一位中年男子说要买房，新来的销售员小张带他去看房。

可是，挑来挑去，这位男子不说买也不说不买，让人捉摸不透。第二天，这位客户又来了，小张试了几次，都没有拿下这位客户。张铭走了过去说：“先生，您好，看您的样子，已经在这里打拼了好些年了吧?”

“嗯，不错。”男子点了点头，看了一眼张铭。

“我记得我那时候高中毕业，因为没有考上大学，便来到这里打拼。刚来这里的时候，还坐反过好几次地铁。在大城市也没什么朋友，我真的不知道该怎么生存下去。”说到这里，张铭刻意停顿了一下。

“后来呢?”这位男子忍不住问道。

“后来，我遇到了一位销售员，他是做房地产的，帮我介绍了这份工作，我们也成了朋友，这样我才能在这里勉强生存下来。”

“哦，原来是这样，也真是不容易。”男子深有感慨地说。

“是啊，赚钱真的很不容易，所以如果是我的客户，我就会为他们挑选一些性价比很高的房子。您看看，您需要什么样的户型呢?”

“嗯，要三居，最好外面的阳台要宽敞一些……”

就这样，张铭带着这位男子看了很多户型，最后成功卖出了一套房子。

当你讲一件事情，讲到一半就戛然而止的时候，听者自然会好奇地问你：“后来呢?”张铭就是很好地利用了这一点，先是感同身受地表达了在大城市打拼的艰辛，激起客户的兴趣，然后在为客户解答疑问的过程中让彼此产生共鸣，打开了话题。

那么，我们该如何让对方提出问题呢?其实很简单，你可以跟对方讲一个故事，其间停顿几次，在每次停顿的时候观察对方。如果对方问你“然后呢”“后来呢”，就说明他已经被你的谈话所吸引了。如果他没什么反应，或是把话题扯开，则说明你的话题并没有引起他的注意。这时，就要换一种方式把你刚才说的事情再讲一遍，比如："我之前有一个同事，他工作一直很努力，为人老实，可是有一天他突然辞职了。与此同时，公司里的一份档案资料也消失了。"这时，对方一定会情不自禁地问："后来呢?"

在反复提问中寻求对方的破绽

心理学研究发现，让一个说谎的人重复谎言是很难的，因为如果说了一个谎，就需要用更多的谎去圆第一个谎，而在不断圆谎的过程中，难度也会逐渐增加，直至你把事实暴露出来。

比如，一位病人得了绝症。你作为医生，良好的道德操守让你说了一个善意的谎言。但是，你需要很多靠得住的解释去掩盖实情——解释病人的症状，但是很多解释难免牵强，因此使你不得不告诉病人实情。

但是，对于说谎高手来说，说谎就像是背书一样，他们能时刻编造谎言，而且在编造的过程中，还会加上一些神情、动作来为自己的谎言加分，让谎言变得更真实。

对于说谎高手，警察在对待他们时也有自己的一套方法，那就是通过反复提问来寻找对方话语中的破绽。这是因为，一系列的提问能在对方还没有准备的情况下，迅速扰乱对方的思维，让对方目瞪口呆、语无伦次，最后不自觉地说出真话。

美国 FBI 曾经接到一个令人十分头疼的案子，因为犯罪嫌疑人是一名律师，有着很好的职业素养，而且在对犯罪嫌疑人身边的人进行取证时，人们的说法出奇一致：他是一名律师，知道杀人的后果，而且他理智、冷静，与人相处也很和睦，像这样的人不可能杀人。

另外，在审讯的过程中，这名律师优秀的口才也给 FBI 留下了深刻的印象。与案件有关的问题他总是能回答得头头是道，并且时常用反诘的方式来询问 FBI，使自己与案件偏离得很远。最后，FBI 甚至怀疑是不是真的弄错了。

但是，当 FBI 调查这名律师的家庭背景时，有了新的发现。他们发现这名律师来自单亲家庭，他们认为也许能从这方面找到问题的突破口。于是，在审讯时，FBI 开始反复问他："你来自单亲家庭吗?""你能形容一下你的家庭吗?""你是不是对你的家庭有什么不满?""你对你的家庭到底有什么不满?""为什么你会对你的家庭有所不满?""被害人遇害是不是与你有什么关系?""你为什么要杀害被害人?""在杀害被害人的时候，你在想什么?""你是不是用一把刀杀害了被害人?"……

在 FBI 一连串的提问下，这名律师开始变得焦躁不安，大声地否定探员所有的提问。但是，在一轮又一轮的连环攻势下，这名犯罪嫌疑人的内心终于崩溃了，他把头埋入双手间，开始喃喃地说自己不是故意的，是因为被害人说了一些过激的话，自己一时冲动才错杀了他……

在这个案例中，FBI 很好地利用了反复提问的方式攻破了犯罪嫌疑人的心理防线。事实上，这种方法是律师寻找证据过程中的惯用手段，他们总是会提出很多问题，逐渐将对方带入自己设置的语言陷阱中，从而获得新的有价值的信息。

当然，在实际情况中，如果对方的心理素质很好，而且善于说谎，即使面对连珠炮般的提问，他也不会慌乱，而是会对答如流。这时，你就应该放弃正面进攻，将提问的顺序换一下，让对方倒着回答你的问题。通常如果对方没有说谎，他就能把事实倒着说出来；而如果对方在说谎，他就会支支吾吾，要在心里想一会儿才能把谎言继续下去。

比如，你问一个人："你昨天干吗去了?"他说："我昨天先是去了公园，然后吃了午饭，接着逛了商场，最后去看了一场电影。"然后，你再让他倒着说一遍。如果他能很快说出"看电影，逛商场，吃午饭，逛公园"的话，那么他的话在很大程度上是真实的，否则就可能是谎言。

或者在提问的过程中对同一个问题用不同的方式提问，比如先问："你昨天去哪了?"等过几个小时再问："你昨天出去了吗?""你昨天去了什么地方呢?"虽然只是换了一种说法，表达的意思一样，但是看起来像是一个新的问题，说谎的被问者不经意间就会露出马脚。

第六章

详略得当，把握好表达的适度原则

把问题搞清楚再回答

要想漂亮地回答别人的问题，我们首先要把对方的问题搞清楚。只有这样，才能有的放矢，避免答非所问的尴尬。

古时候有一个人，虽然胸无点墨，却十分羡慕那些当官的文人。一次偶然的机会，他用银钱买了一个县官做。但是，他本身是一个粗人，哪里懂得那些官场上的规矩。因此，他在上任后拜见上司的时候总是战战兢兢，话都不敢说。

上司问他："贵县风土如何？"

其实，上司问的是风土人情，不想这位知县却会错了意，答道："本县不见大风，也不刮黄土。"

上司听了先是一愣，心想：这知县好生奇怪，怎么答非所问。上司只好继续问："那黎庶如何？"

知县见上司神色不对，就有一点慌张，把"黎庶"听成了"梨树"，于是脱口而出："梨树倒是不少，可还没到结果的时候。"

上司一听，认为这知县明显是在胡说，也太不把自己这个上司放在眼里了。因此，十分生气，喝道："我什么时候问你梨树、杏树的，我是问你百姓怎样？"

县官已经汗如雨下，心想："白杏？原来上司是问这个啊，我这个脑子。"这下想明白了，连忙回答："白杏不多，只有两棵，红杏倒是不少。”

上司听后大发雷霆，一手掀翻了桌子，一手指着县官骂道：“什么梨树、杏树，我是问你的小民。”

县官已经慌极了，听上司问自己的小名，赶紧答道：“大人息怒，小的小名不大好听，叫‘狗子’。”

不想话一说完，这位上司就气晕了过去。

故事中的上司仅仅问了几个简单的问题，知县却一直答非所问。如果他能仔细思考一下上司的每个问题，想要回答好也是一件十分容易的事。由此可见，在回话前，唯有把问题搞清楚，才能保证回话的正确性。

不过，把问题搞清楚也不是一件容易的事情。尤其是那些弦外之音，如果不仔细辨别，就听不出话里的玄机。

小王是公司里的技术员，为人老实，又是老板的同乡。所以，老板出去的时候总是带着他。技术部的其他技术员对此颇有微词。一次，公司有一个大项目，需要到美国出差，老板想带上小王。不过，因为是大项目，大家都想参与，所以老板的压力有些大，既想带小王去，又想堵住其他员工的嘴。

于是有一天，老板当着大家的面问小王：“这次去美国的任务可不轻，小王，你的英语口语不错吧?”小王以为老板只是随口一问，也就没有放在心上，便谦虚了一下：“哪里哪里，一般般啦。”

没想到话音刚落，一个个毛遂自荐的声音就响了起来：“老板，我的英语口语很好，一定能胜任这次任务!”“我的口语也没问题，我还经常和外国人交流呢。”

小王这才明白老板的话外音，原来老板是想给自己一个机会，可惜他就这么错过了。

不论是简单的提问，还是另有深意的话外音，都需要我们把问题搞清楚。要想做到这一点，我们应该遵循以下几个原则：

1. 正确判断提问的类型

在通常情况下，他人提的问题无非三种类型：

第一，单纯事实的提问。例如，现在几点了？你这个月的绩效是多少？你的英语水平怎么样？

第二，主观意见的提问。例如，这部影片怎么样？这件衣服漂亮吗？你觉得这份工作怎么样？

第三，需要论证的提问。这类提问大多是生活中一些重要的问题。例如，上大学应该学什么专业？毕业后该找什么样的工作？这两份工作哪份更适合我？这两个方案哪个更好？

2. 把握正确的回答思路

针对以上三种情况，我们可以整理出正确的思路，给出问题的答案：

第一，单纯事实的提问有固定的答案，不用掺杂自己的观点。比如问几点了，就要回答确切的时间，而不要答非所问，如“现在还早”；问你的英语口语怎么样，要如实回答“正常交流没问题”，而不是回答“一般般”。

第二，主观意见的提问没有固定答案，正如“一千个读者就有一千个哈姆雷特”一样。所以，对于主观性的问题，我们可以给出自己的主观答案。需要注意的是，提问者提出此类问题往往是为了获得你的个人偏好，比如你喜欢穿的衣服、吃的东西等。或是获得你的支持，比如她问你一件黑色的裙子怎么样的时候，如果你说你也喜欢，她就会因为得到你的支持而感到十分高兴。

第三，需要论证的提问也没有固定的答案，而且各种答案之间有好坏之分。回答这类问题的时候，需要思考得更多，在各种答案之间权衡，做出比较好的回答。

语言要详略得当才合适

高尔基曾说：“简洁的语言中有着最伟大的哲理。”的确，我们知道语言有精简之美，但是精简并不代表简单。如果话语太过简单，随随便便回答，往往会给你带来交际上的烦恼。

回话太过简单，会带来以下两个问题：

首先，会让人觉得你在敷衍他，显得你为人不坦诚。

同事甲：“你昨天去看电影了吧？怎么样，好看不？”

同事乙：“还行。”

同事甲：“听说最近有好几部好看的电影上映了，你看的是什么电影？”

同事乙：“随便看的，一部喜剧片。”

说到这里，同事甲已经没有了继续问下去的兴致，随口敷衍了一句，就做自己的事情去了。

如果同事乙是有意不想说话，那么显然他的目的已经达到了；如果同事乙平时就不爱说话，那么他无心的话也会让同事甲认为是在敷衍他，也许以后也不愿再与同事乙聊天了。

其次，回话太过简单会影响对话的质量，特别是在职场上，这一点尤为明显。

一位应聘者去参加面试，面试官问他：“你之前都从事过什么工作？”

应聘者：“做过销售、管理。”

面试官：“具体做过多长时间呢？”

应聘者：“没多长时间，也就两三年。”

最后，面试官问：“你对薪资有什么想法吗？”

应聘者：“看着给吧。”

如果你是面试官，你会录取这位应聘者吗？我们来分析一下：在面试官问这位应聘者工作经历的时候，应聘者回答得很笼统，说自己做过销售、管理。要知道无论是销售还是管理，都是很大的概念，让人不禁会产生疑问：具体是销售什么产品呢？若是做过管理工作，是什么样的管理工作？总之，这位面试官并没有得到更为具体的有用信息。

其实，这位面试官在询问应聘者工作年限的时候已经要求应聘者具体回答。可是，这位应聘者仍然含糊其词。并且最后，在谈到薪资方面的问题时，这位应聘者仍然含含糊糊。试想，哪个公司会录取这种连问题都回答不清楚的人？

很多人回话时，总是含糊其词、模棱两可。其实，做到具体回话很简单，只需要把具体的事情说出来就可以了。比如，去过什么地方，做了什么事情；做过什么工作，每一份工作的大致情况等。如果还是觉得困难，不妨参考下面两点建议：

1. 把问题具体化

当别人向我们提问时，我们应该尽量用更为精确的词语去表述。比如，在上面例子中，当同事甲询问同事乙看电影的情况时，同事乙可以具体讲出电影的名字、类型、内容，还可以谈自己对电影的一些看法。

在平时回话时，我们也要注意具体原则。比如，和一个陌生人聊天，对方问你：“你是哪里人？”这时不要回答：“我是中国人。”而是要更具体一些，比如告诉对方："我是河北人。"如果你们聊得来，还可以近一步告诉对方是河北哪里人。再比如，当别人问你平时喜欢做什么事的时候，你可以回答得具体一些，比如"喜欢打篮球、跑步和骑行"，而不是简单地回别人一句"我爱运动"。

2. 尽量多说几句

在你的身边是否有这样的人存在：他们在回答别人的问题时总是惜字如金。你问他问题，他要么是一些简简单单、完全没有感情的回复，要么就是"嗯""哦""啊""好吧"这类简单词语。

如果你是这样的人，请开始改变自己，在回话时尽量多说几句。比如，在上面的例子中，当面试者询问具体的工作经历的时候，可以分别讲述自己哪一段时间具体做过什么，或者说几句自己的心得体会等。

说话也讲求惜字如金

古人在写文章的时候，提倡惜墨如金。即在语言的运用上，要尽量做到整篇文章没有废词、废句、废段，用极少的语言表达丰富的内容。而说话也讲求惜字如金，即说话要把握适度原则。

同样，我们在回话时也应该把握回话的“量”：不能太少，否则会给人留下敷衍、不真诚的印象；也不能太多，啰啰唆唆，成为一个“啰唆先生”。

曾经有一个文人说话、写文章很啰唆，人们都叫他“啰唆先生”。一次，“啰唆先生”给他的一位朋友写信。本来一两段话就能说清楚的事，他絮絮叨叨地写了几张纸。这位朋友收到信后，劝告他说：“说真的，我的朋友，您的文笔很流畅，只是太啰唆了。时间是宝贵的，如果您能写得简洁一些，既能节省您的时间，也能节省我的时间，这样不是更好吗？”

“啰唆先生”觉得朋友说得很有道理，于是立即提笔回道：“看了您的来信，我才意识到这个错误。我万万没有想到，我这啰唆的毛病是这么严重。对于您的建议，我内心很感动，也很感激。从今以后，我一定要把文章写得简洁、简洁，再简洁。请允许我再一次对您的建议表示感谢、谢谢、谢谢，万分感谢！”

回信写好后，他又看了一遍。但是，总觉得有一个地方需要解释一下，以免对方误解。于是，“啰唆先生”又拿出一张纸，继续写道：“真是非常抱歉，请您不要嫌我啰唆，因为有一件事情我必须解释一下。我听人说，写信时用简化字是一种不礼貌的行为，不知您听说过没有？但是，我还是用了简化字，比如万分感谢的‘万’字，就是‘方’字上缺一点的‘万’字，这就是一个简化字。为了表示对您的尊敬，我本来是想用一个草字头下面一个‘禺’的‘万’字，但是，觉得没有时间一笔一画地写草字头下面一个‘禺’的‘萬’字。而写‘方’字上缺一点的‘万’字，就可以少用一点时间。而且您也说了，时间非常宝贵，所以我在信中写了‘方’字上缺一点的‘万’，而没有写草字头下面一个‘禺’的‘萬’字，请您多多原谅!”

想必这位朋友收到这位“啰唆先生”的回信后，定会又好气又好笑。本来一封简单的、表示感谢的回信，却被“啰唆先生”写得这样啰唆。如果你就是这样的人，那么以后回话时一定要注意弄清楚自己回话的重点。

1948 年，英国牛津大学举办了一次主题为“成功奥秘”的讲座，还为此特意邀请了当时的风云人物丘吉尔来为大学生们演讲。其实，早在这场演讲开始的三个月之前，就已经掀起了一场轰动。不论是各界媒体，还是牛津大学的学生们，都对这场演讲翘首以待，因为他们发自内心地想听听这位伟人对“成功奥秘”的真知灼见。

到了演讲这一天，广场上人山人海。在大家的期盼中，丘吉尔迈着稳健的步伐走上了演讲台。他先对大家挥了挥手，然后做了一个让大家停止鼓掌的手势后，说：“我的成功秘诀有三个：第一，决不放弃；第二，决不、决不放弃；第三，决不、决不、决不放弃！我的演讲结束了。”说完，丘吉尔就走下了演讲台。

丘吉尔不到一分钟的演讲完成了，整个会场先是沉寂了片刻，之后被经久不息的掌声淹没了。

虽然丘吉尔的这次演讲仅仅是三句“决不放弃”的话，却清楚地表达出了他演讲的主题，并没有因为内容少而显得单调、乏味，反而赢得了经久不息的掌声。

那么，我们怎样才能把握好回话的“量”呢？

1. 让重复、多余的话烂到肚子里

有些人在回话时总是喜欢用一些重复的口头禅，比如在表达自己的疑惑时总是追着对方问：“为什么？为什么？”难道一个“为什么”还不能表示你的疑惑吗？如果没有太大的困惑，又不是十分要紧的事情，请少用重复的“为什么”来表达你的疑惑。还有人在答应别人一件事情时，总是习惯性地说“好好好”。实际上，一个“好”字就能表明你的态度，何必要多此一举？而且如果用得太多，还会让人觉得你是迫不得已才答应的。

每个人都有自己喜欢的口头禅，但是在交谈中，有些口头禅往往是多余的话，比如“我以为”“岂有此理”“肯定的”“那当然了”“谁说不是呢”等。这些口头禅说得过多，会影响回话的效果，所以一定要慎用。

2. 用好“三点法则”

回话不能太简单，也不能太啰唆，把握好“三点法则”可以帮助你清楚地表达自己的观点。“三点”就是指三个重要的信息，可以是时间、地点和事情的经过。比如，当别人问你周末做了什么的时候，不要回答“出去玩了”，而要回答“周六去郊区玩了一天”这类包含了三点信息的话语。

运用对比让语言更有感染力

语言之美，美在精雕细刻；回话之妙，妙在修辞巧妙。在回答别人问题的时候，我们可以通过打比方、做对比，把那些平常的回话好好“装扮”一番，给它披上华丽的外衣，让它变得更有魅力。

中国人在说话的时候，喜欢打比方。比方打得好，可以生动、形象地向对方讲述自己的观点。所以，优秀的演讲者、管理专家都会使用打比方。尤其是在向外行解释一些问题的时候，打比方成了他们最常用的方式。

著名的物理学家爱因斯坦因其相对论而声名大噪。一次，一位老太太在看完电影《卡门》后，在电影院的门口正好碰到了爱因斯坦。老太太问道：“请问你是提出相对论的爱因斯坦吗？”

“是的，您有什么问题吗？”爱因斯坦问道。

“总是听到人们在说你的相对论，你能告诉我什么是相对论吗？”老太太诚恳地问。

爱因斯坦想了片刻，并没有向老太太直接讲解相对论的概念，而是这样问道：“您刚才看电影的时间足足有 100 分钟，但是您是不是觉得时间过得很快？”

“是啊。”老太太点点头回答道。

爱因斯坦又问：“那么，如果您的孙子出去玩耍，很晚了还没有回来，您焦急地等待了10分钟后他才回来，但是这10分钟您是不是觉得特别漫长?”

“是的。”老太太又一次点了点头。

这时，爱因斯坦说：“这就是相对论。”

在这个故事中，爱因斯坦并没有长篇大论地去解释相对论，因为他知道即使自已再努力，老太太也很难听懂。于是，爱因斯坦用生活中常见的事打比方，通俗地解释了什么是相对论。

既然打比方在回话中有这样强大的效果，那么我们应该如何应用呢？其实，学会打比方，我们必须抓住问题的核心，即原问题和所打的比方必须具有重要的共通点才行。

一位学生问他的经济学老师：“老师，您怎么看经济发展中的泡沫?”

老师想了想，回答说：“经济发展中的泡沫就像是喝啤酒时的泡沫，有了泡沫喝起来才有味道。”

这个比方看似巧妙，实际上是错误的，因为啤酒好不好喝并不是由有没有泡沫决定的，而且有无泡沫对于啤酒来说并没有好坏之分，仅仅是一种正常的现象而已。而经济泡沫则是经济发展过程中的不好的现象。显然，本质上它们是不一样的。

当这位学生问他的另一位老师对经济发展的看法时，这位老师是这样回答的：“经济发展就像骑自行车，骑得太快会摔跤，骑得太慢也会倒下。所以，经济发展要不快不慢才好。”

这便是一个好的比方。因为经济发展太快，表面上是一件好事，但是其中隐藏的投资过热、通货膨胀等问题容易造成经济危机；而经济发展太慢，则不能满足人们的物质需求，也会引发一系列社会性问题。由此可见，这个比方很恰当。

所谓绿叶衬红花，有对比才能显出差距。在回话艺术中，对比用得好能突出你话语的力量，不管是说服、拒绝还是提问，都能让你轻松达到目的。

一位顾客到一家电脑专卖店买电脑。

顾客：“你们这个牌子的电脑怎么这么贵？”

销售人员：“确实，相比同类产品，我们的电脑要贵一点。但是，我们贵在做工更加精细，贵在我们的独家技术。比如，与同类产品相比，我们的电脑散热更加良好，即使是在炎热的夏天，也不会因为散热问题而影响你使用。”

经过这样一番对比，顾客自然看到了该品牌电脑在同类产品中的优势，明白了贵自然就有了贵的道理。

在运用对比的时候，要注意以下两个问题：

第一，对比的对象应为人们非常熟悉的事物，否则对比就没有任何意义。比如，有人问你太阳有多大，你不能说很大，而应该用地球做对比，告诉他 130 万个地球才抵得上一个太阳。这样一对比，对方就会明白太阳是多么庞大了。

第二，对比要注意合理性。所谓合理性，是指对比的对象应该是属于同一范畴，并且对比双方具有相反或相对的性质。

对别人提出的问题不要避而不答

回话本来很简单，只需要回话者简明扼要地回答对方的问题。可是，很多人却喜欢把重要的话语放在后面说，并美其名曰“压轴出场”，而前面则是啰里啰唆，做一大堆铺垫。

其实，在说话时，很少有人关注你的这些铺垫，人们更多关心的是你说话的重点。如果你说话总是拐弯抹角，人们就无法从你口中得到有用的信息，从而对你反感。

同事乙经常拍一些漂亮的照片发到朋友圈。在一次偶然的谈话中，同事乙和同事甲聊到这个话题。

同事甲：“我看到你经常拍一些漂亮的照片，你的相机是什么牌子的?”

同事乙：“其实，相机的牌子并不多，而且很多都集中在日本，比如佳能、尼康、松下、索尼、奥林巴斯。德国的徕卡也很出名……”

同事甲：“哦，那你的相机是多少钱买的?”

同事乙：“都说电子产品换新不换旧，我可不这么看，新有新的道理，旧有旧的好处。我这个相机虽然是二手的，但是买回来几乎跟新的一样，还省了不少钱……”

同事甲听得晕晕乎乎，他只不过是想问同事乙的相机是什么牌子、多少钱买的，可是自始至终都没有得到明确的答复，于是赶紧岔开话题结束了谈话。

对话中的同事乙答非所问，不仅会让人觉得他在卖弄学问，还会让人觉得他不真诚。其实，同事乙完全可以这么回答：

同事甲："我看到你经常拍一些漂亮的照片，你的相机是什么牌子的？"

同事乙："尼康，不过其他的牌子如佳能、索尼也都不错。如果你想买，可以多看一下。"

同事甲："嗯，谢谢。那你的相机是多少钱买的？"

同事乙："3200 元，不过我买的是二手的，新的要 4500 元左右。"

这样直接明了地回答会让人觉得你这个人思路很清晰，说话能抓住重点，也很有条理，相信很多人愿意再跟你多聊几句。

有时，回话者对于别人当面提出的问题，会装作没听见，避而不答，或是眼睛望向别处，说一些根本不相关的事，强行把话题扯开。比如，有些人对谈话不够重视，回答别人问题时漫不经心；有些人考虑到自己的利益，不想正面回答问题；有些人不知道如何回答，但又碍于面子不能沉默，只好答非所问。这其中，可能是自己的态度有问题，对谈话不够重视与真诚，也可能是迫于无奈，有不得已的原因。但不管怎样，我们都应该尽量少用这种回话的方式，因为如果你经常顾左右而言他，难免会让人觉得你这个人不真诚。相反，面对别人的提问，如果没有涉及自己的隐私，或是谈一些无伤大雅的话题，我们就应该给出正面、直接的回答。毕竟，坦诚相待是十分重要的。

在直接回答时，还需要注意以下两点：

1. 紧紧围绕对方的问题，不要把话题扯远了

很多人在回答别人问题的时候喜欢夸夸其谈。比如，在心仪的女孩子面前特别想表现自己，但是说一些无关紧要的话只会让对方觉得厌烦。尤其是在谈一些比较严肃的话题的时候，千万要认真、直接地回答对方的问题。

2. 明确回答要条理清晰、逻辑分明

既然是明确回答，就应该让别人听得懂你在说什么，而不是听完后一头雾水。比如，顾客问你："这款手机有什么优点？"你可以回答："这款手机配置高、外观精美、像素超高，而且待机时间长。"而不是一味地给顾客讲一些专业的名词。

让话语更有条理性、逻辑性

我们平时说话时，很少注意说话的顺序。其实，说话的顺序不同，其表达的意思也大相径庭，甚至是截然相反。

据说，著名教育家陶行知先生在世的时候，有人看到他事业坎坷，于是送给他一句话：“屡战而屡败。”陶行知听后，笑了笑说：“不对，这句话应该改为‘屡败而屡战’。”

纵然“屡战而屡败”能形容陶行知先生的坎坷历程，但是“屡败而屡战”更能体现他不畏困难的顽强精神。

彭德怀同志在《致巴金的信》中写道：“我是伟大人民的儿子，不是人民的伟大儿子……”在这句话中，前半句突出了人民非常伟大，而后半句却谦逊地说自己并不伟大。显然，两句话突出的重点不一样。

如此看来，颠倒语序，语义截然不同。如果我们在回话时注意回话的前后顺序，往往会收到意想不到的效果。

曾有两个教徒在做祷告的时候偷偷吸烟，正好被牧师看到。牧师问第一个教徒：“你刚才是在吸烟吧?”教徒诚恳地回答：“是。”结果，这位教徒被牧师狠狠地痛斥了一顿。

牧师又问第二个教徒：“你刚才在吸烟，是吧?”

教徒回答：“是。”

正当牧师要大发雷霆的时候，教徒连忙问："在祷告时不能吸烟，是吧?"

牧师严肃地说："当然不能。"

教徒又问："那么，在吸烟的时候可以祷告吗?"

牧师想了想说："可以，任何时候你都可以祷告。"

教徒说："对啊，我刚才就是在吸烟的时候祷告啊!"

牧师听后，笑了笑说："是的。"

于是，这个教徒免受了责罚。

两个教徒都在祷告时吸烟。前者说在祷告时吸烟，这是对上帝的不虔诚，因此受到了责罚；而后者说在吸烟时祷告，则体现出这位教徒比较勤奋，说明他对上帝是忠诚的。显然，后者答话的巧妙之处就在于他颠倒了语序，使得话语的含意截然不同。

在谈话时，如果我们不注意逻辑性，很容易让听者不知所云，弄不清你到底想要讲什么，你的重点在哪里，甚至还会因此产生一些不必要的误会。

一天傍晚，一位母亲正在家里做饭。这时，电话响了，电话里传来一个声音："您好，请问您是小凯的母亲吧?"

"嗯，请问您是?"这位母亲有点担心自己的孩子了。

"我是小凯的班主任，今天我们学校组织出游，在过一个十字路口的时候，小凯……"

听到这里，这位母亲以为小凯出了什么事，马上挂了电话赶到了学校。一到学校，才知道是一场误会。原来，小凯在过马路的时候捡到了一个钱包，并把钱包还给了失主。刚才，班主任打电话是想表扬小凯。

我们可以看到，虽然这位老师是好心，但是表述方式不恰当。其实，应该先把重要的内容放到前面说："您好，我是小凯的班主任，首先要表扬一下小凯……"然后，再详细诉说事情的经过。

那么，如何才能让我们的话语前后有序呢？这里有三点需要注意：

首先，我们要保证回话的条理性。这就需要我们在回答对方的问题之前，就要想好先说什么后说什么。我们可以先列一个提纲，然后采用“第一……第二……第三……第四……”或“首先……其次……再次……最后……”这样的句式来表述自己的观点。

其次，可以运用逻辑推理。在说服他人的过程中，这种方法非常有效。所谓逻辑推理，就是要说出为什么。比如，吃饭的时候，孩子把饭菜撒到了桌子上，饭后你可以叫他去刷碗。如果他拒绝，你可以回答他：“我们之前约好的，谁要是在吃饭时把饭菜撒到桌子上，吃完饭后就必须去刷碗。”这样的回答有理有据、条理清晰，孩子想拒绝都难。

最后，要学会慢半拍，即在我们开口说话之前要三思而后行。思考得越多，你的话语的条理性、逻辑性就越强。

第七章

委婉表达，为说话披上美丽的外衣

婉转含蓄把话说巧

委婉是交谈的“缓冲”、表达的“柔道”，它会让原本可能困难的交往变得顺利起来，让听者在比较舒适的氛围中领悟到本意。委婉是用迂回曲折的语言表达本意的方法。说话者故意说一些与本意相关或相似的话，以烘托本来要直说的意思。

古人对于君父尊长的所作所为不敢直说，而要采取委婉的方式来表达。有一次，秦王和中期发生了争论，结果中期赢了，而秦王却输了。中期若无其事、大摇大摆地走出了皇宫。秦王大怒，暴跳如雷，决心要把中期杀掉，以解心头之恨。这时，在秦王身边有个和中期要好的人对秦王说：“中期这个人实在是个暴徒，一点也不懂规矩。他幸好遇到大王这样贤明的君主，才能活命。如果遇到桀纣那样的暴君，早就没命了！”秦王一听，也就不好再加罪于中期了。

在秦王盛怒的情况下，要为中期辩护，如果直言劝说秦王不要杀中期，这样只能是火上浇油，适得其反。这时，中期的朋友采用了委婉的方式，简单的几句话却有着丰富的含意。既有对中期的指责，又有对若杀中期则是暴君的暗示，还有不杀中期则是贤君的称赞。秦王的火气一下子就平息了下来，也就不好再对中期下手了。

根据不同的对象和环境，有时说话需要直来直去，有时则需要拐弯抹角。所谓拐弯抹角，就是通过转换角度，或者借助其他中介来说服对方的方法。先秦时代，辩士们进谏国君时往往用拐弯抹角的方法。这是因为，封建君王容易喜怒无常，好恶不分，直言进谏反而得不偿失。

拐弯抹角能激起人思想上的波澜，让人在思索中明白事理，说服力更强。

运用拐弯抹角的方法时，有几个特点：①需要借助中介，如一个故事、一则寓言等，就事论理；②巧妙利用时机，不以专门劝谏者的身份出现，以免造成对立局势；③换角度提出劝谏，在另外的事情上做文章，其中的隐义由对方自己悟出，使其在自我启发中认识错误。这样做，既免除了对方心理和面子上的顾虑，又便于其改正错误和接受意见。

《战国策》里，有这样一则“南辕北辙”的故事：从前魏王欲攻打赵都邯郸，谋臣季梁知道此事后，忙从旅途返回，求见魏王。他对魏王说：“我在返回的途中遇到一个男子，正赶着车向北走，却告诉我他要去楚国。我提醒他：‘若要去楚国，往南走才对。’可那男子说：‘我的马是日行千里的好马。’我说：‘马是好马，可是你却弄错了方向。’那男子又说：‘我带够了旅费。’我说：‘你的旅费够了，但你的方向走反了。’可那男子又说：‘我的御夫技术高超！’诚然他具备了所有条件，可他却犯了方向性的错误。楚在南，他却向北。因此，他的条件越好，离楚国的距离就越远。大王，您身为霸者之一，刚刚获得天下的钦佩，却想仗着国富兵强而攻打赵国。你的目的是扩大领土，远播威名。但赵国并非弱小，若进攻不利，反而会削弱魏国，可能从此离霸业日远矣。这不就和那个欲去楚国，却偏偏向北走的男子一样吗?”魏王听过故事后，若有所悟，改变了原来的主意。

在这里，季梁借用一个成语故事劝谏魏王不要进攻赵国，并指出进攻的结果有害无利。最终，魏王接受了他的劝谏。

委婉劝谏可以避免因直接陈述给对方造成伤害而形成对抗，能让对方在细细品味我们的语言中接受我们的观点，取得共同的认识。

沟通得法才能巧妙表达

人生就是不间断地说服的过程。无论从事什么职业——领导员工，推销产品，教书育人……离开了说服，都将一事无成。

说服是以求得对方的理解和行动配合为目的的谈话活动。说服的最大特征，就在于引起对方的关注。如果非把单方面的想法强加在他人的头上，说服就不可能获得成功了。这就是说，说服的关键就在于帮助对方产生自发的意志。因此，说服不是为了使对方在理论上获得理解而进行的“解说”，也不是迫使对方在无奈之下付诸行动。

说服的关键因素有三个：一是说服者的人格，即“说服者是什么人”；二是劝告内容蕴含着的力量，即“说什么”；三是说服者的应变能力，即“怎么说”。这三者构成说服所不可缺少的要素。在一般情况下，我们将它们统称为“说服能力”。

在生活中，需要说服的对象有很多。他可能是你的父母、你的上司、你的顾客、你的朋友、你应聘的主考官……甚至于，当有些图谋不轨的人想在你身上实施犯罪行为的时候，也需运用说服，以避免造成严重的恶果。

每个人心里都有是非观，只不过人们的是非观存在某些差异。而且，由于情绪作用，人们也可能模糊是非的概念，做自己原本并不认为正确的事。如果你能让对方意识到他是在做一件他认为不正确的事，并让他冷静地思考，就可能让他改变主意。

一位戴花帽的姑娘在街头碰到几个小伙子，其中一位竟直接伸手摘下了姑娘的帽子。面对挑衅，姑娘又恼又怒又紧张。但她马上冷静下来，彬彬有礼地说："我的帽子挺漂亮，是吗?""当然，它和你这个人一样，真美。"男青年说。姑娘温柔地说："你一定是想仔细看看，好给你的女朋友买一顶吧？我想，你绝不是那种随意戏弄人的人。"她话里有话，温和中深藏开导，委婉中包含锋芒。"当然。"青年有几分尴尬，不由自主地归还了花帽。一场可能发生的纠纷就这样被制止了。

从中我们不但看到了姑娘的机智，而且对她的说话技巧留下了深刻的印象。自始至终，姑娘没说一句强硬的话，而是用含有"潜台词"的柔言软语，巧于应对，成功地激发了对方的自尊、自爱心理。她用冷静举止、柔言软语塑造了一个见多识广、不容侵犯的强者的形象，使对方不敢轻举妄动。

由此可见，只要沟通得法，巧妙表达，灵活应对，就没有什么矛盾摆不平，也没有什么事情不可解决。

聪明的沟通方式是用温和冷静的语气说服人，而不是用权力和手段压服或恐吓对方。让对方自愿地被说服，才算是沟通的上上策。

赞美比批评更有力量

温柔的赞许是比严厉的批评更加有效的力量。用赞许代替批评，是史金纳教学的基本观点。这位著名的心理学家以实验来证明：当减少批评，多多赞许对方时，其所做的好事就会增加。

俗话说，人的心灵就像花朵：开放时，会承受柔润的露珠；闭合时，会抵御狂风暴雨。假如我们在规劝别人，实际上就是让他的心灵开放。但是，被规劝的人往往用闭合来抵御我们的语言，因为他并不知道我们送的是雨露，而只知道怎样保护他的自尊心。

林肯有一次批评他的女秘书："你这件衣服很漂亮，你真是一个迷人的小姐。只是我希望你打印文件时注意一下标点符号，让你打的文件像你一样可爱。"女秘书对这次批评印象非常深刻，从此打印文件很少出错。

林肯身为美国总统，可算是世界上最有权势的人之一了，说话如此委婉、客气，是他好修养、好气度的体现。假如他换一种盛气凌人的口吻呵斥："你怎么工作的？连标点符号都搞不清楚！"只能让对方反感，反而达不到纠正对方错误的目的。

我们经常看到一些歌唱比赛、辩论赛中，在专家点评时，他们经常用这种几乎是无往不胜的妙招：先指出选手的优点，然后再根据具体情况指出不足之处。比如，对方是名歌手，就先指出他音质不错，台上表演力很强，但缺乏经验，细节处理不够好；如果对方是位辩手，可以先表扬他头脑灵活，才思敏捷，再指出他的一些失误。不仅是在这些比赛中，在谈判桌前、在工作中、在生活中，在一切与人相处中，都会用得着这一招“先扬后抑”法。老师为了不打击学生的自信心和学习积极性，总会先分析这位学生的优点、进步的地方，然后再慢慢道出他的不足之处。这种方法会让人在心理上能够接受，面子上也过得去。既达到目的，又保住自己且不伤害别人。

一般来说，我们规劝别人很容易使自己站在比别人高的位置上。而本质上，也确实比别人高，因为你自己觉得比别人的观点正确，这样才能劝人；如果觉得比别人低，那就表明你的观点不正确，或者对自己的观点不自信，那还怎么去劝人呢？因此，劝人的人实际上的位置应该是高的。但这种高，在劝人时是不能表现出来的，只能摆在和被劝人平等的位置上。这不是虚伪，而是方法上的需要。只有当被劝人觉得你尊重他了，设身处地地在为他着想，他才能认真考虑你说的话，才能把心扉打开，才有可能达到劝说的目的。

相反，你自恃自己有理、说得对，把位置摆得高高在上，甚至不注意语言的表达方式，一副批评人的口气，势必引起被批评人的反感。因为你没有尊重他，他会想出各种办法来对付你，使你不但没有达到规劝的目的，还生了一肚子气。如果他迫于某种压力或其他因素而屈服于你的批评，即使口头上承认自己错了，内心深处也还是不会听你的。

指出别人的缺点，可能因与对方意思相悖而伤害到对方，又可能因对方态度蛮横伤及自己。这时，就需要用赞美的话语做中和剂，令对方反驳不是，发怒也不是，批评得有理有据，令其心悦诚服地接受。

首先，必须设想一个限度，否则你的忠告也许会适得其反。当你要指出别人的缺点时，必须先认识到人类的脆弱及不完美，且保持着自我反省的心态和与对方一同背负过失的谦虚态度，让对方发觉自己的缺点和错误。其次，为了免于引起对方的逆反心理，必须事先准备些称赞的话，在批评他人之前，先将这服“灵丹妙药”给对方服下，然后再转入正题。当对方因你指出的缺点而感到难过和难以接受时，表扬就起到了很大的中和作用。

不顾时间、地点、对方心理，直截了当、劈头盖脸地一阵冷言恶语，不仅达不到沟通的目的，反而会适得其反。学会和风细语地指出别人的错误和缺点，会收到意想不到的好效果。

表达时要口气温和

说话表达时口气温和，可以弘扬男性的文雅大度和女性的阴柔之美。尤其是在抒发情感时，因为温和地说话使用的是和声细气的音素，所以它具有一种迷人的魅力。

由于语音学中音素、音位的原理和人们说话时用声用气的心理状态及规律的不同，和声细气，这种声和气宛如柔和的月光和涓涓的细流，由人的心底流出，轻松自然，和蔼亲切，不紧不慢，能给听者以舒适、安逸、细腻、亲密、友好、温馨的感觉。温和地说话的男人，为人必定厚道、宽容、襟怀开阔；温和地说话的女人，为人必定温柔、善良、善解人意。

林肯当选美国总统，他对政敌的态度引起了一位官员的不满。这位官员批评林肯不应该试图跟那些人做朋友，而应该消灭他们。“当他们变成我的朋友时，”林肯十分温和地说，“难道我不是在消灭我的敌人吗?”

在南北战争时期，有一次，林肯到前线去视察联邦军队的防线，陪同他去巡视的是副官霍尔姆斯上尉。林肯爬到战壕上面，仔细观察敌军阵地。这时，敌军突然射来一梭子弹，这可急坏了霍尔姆斯。他连忙抓住总统的手臂，把他拖下战壕，对他大声吼道：“快下来，你这个蠢猪!”上尉自知失言而冒犯了总统，心中猜想肯定会受到纪律处分。但林肯却在分手时，温和地对他说道："再见，霍尔姆斯上尉，感谢你救了我，我感到十分欣慰。"霍尔姆斯听了，如释重负。

德国社会民主党议员菲立蒲在议会演讲中，受到其他党派的联合攻击，他也以温和的语言化解了危机。当时，他们骂菲立蒲："流氓，反动派的走狗，闭嘴，滚回去！"但是，菲立蒲语气平和地回答说："谢谢大家的指点，再过 30 分钟我就要走了，为了填肚子啊！"现场瞬间爆发出哄堂大笑，他也就顺利地完成了演讲。

优雅说“不”有窍门

当我们想拒绝别人时，心里总是想：“不，不行，不能这样做，不能答应！”可是，嘴上却含混不清地说：“这个……好吧……可是……”

这种口不对心的做法，一方面，怕得罪人；另一方面，过于直率地拒绝每一个问题，永远说“不”，也不利于待人接物。

说“不”也有窍门。

1. 用沉默表示“不”

当别人问：“你喜欢阿兰·德龙吗？”你心里并不喜欢，这时，你可以不表态，或者一笑置之，别人即会明白。

一位不大熟识的朋友邀请你参加晚会，送来请帖，你可以不予回复。它本身说明，你不愿意参加这样的活动。

2. 用拖延表示“不”

一位女友想与你约会，她在电话里问你：“今天晚上 8 点钟去跳舞，好吗？”你可以回答：“明天再约吧，到时候我给你去电话。”你的同事约你星期天去钓鱼，你不想去，就可以这样回答：“其实，我是个钓鱼迷。可自从成了家，星期天就被妻子没收啦！”

3. 用推脱表示“不”

一位客人请求你替他换个房间，你可以说：“对不起，这得值班经理决定，他现在不在。”

你和妻子一块上街，妻子看到一件漂亮的连衣裙，很想买。你可以拍拍衣袋：“糟糕，我忘了带钱包。”

有人想找你谈话，你看看表：“对不起，我还要参加一个会，改天行吗？”

4. 用回避表示“不”

你和朋友去看了一部拙劣的武打片。出影院后，朋友问：“你觉得这部片子怎么样？”你可以回答：“我更喜欢抒情点的片子。”

你正发烧，但不想告诉朋友，以免引起对方担心。朋友关心地问：“你试试体温吧？”你说：“不要紧，今天天气不太好。”

5. 用反诘表示“不”

你和别人一起闲聊。当对方问：“你是否认为物价增长过快？”你可以回答：“那么，你认为增长太慢了吗？”

6. 用客气表示“不”

在别人送礼品给你，而你又不能接受的情况下，你可以客气地回绝：一是说客气话；二是表示受宠若惊，不敢领受；三是强调对方留着它会有更多的用途等。

7. 用外交辞令说“不”

外交官们在遇到他们不想回答或不愿回答的问题时，总是用一句话来搪塞：“无可奉告。”生活中，当我们暂时无法说“是与不是”时，也可以用这句话。

还有一些话可以用作搪塞：“天知道。”“事实会告诉你的。”“这个嘛……难说。”

拒绝时先表示同情和理解

你是否有过这样的体会：一个人在提出自己的意见后，一旦遭到全盘否定，往往会采取以牙还牙式的反抗。这种心理反应会极大地阻碍谈判的顺利进行。因此，不论在什么情况下，你都应当尽可能避免上述心理活动的发生。

相反，一个人在提出自己的意见后，一旦受到某种程度的肯定和重视，人的自尊心理就会引导心理活动形成一种兴奋优势，这种兴奋优势会给人带来情感上的亲善体验和理智上的满足体验。这种体验一旦发生，就会有利于纠纷的调解，使争执双方的意见达成一致。

美国得克萨斯州国家银行生活保险公司总裁，即《权力宣传如何使我在6小时内成功》一书的作者皮尔斯·布鲁克博士曾列出几种“是的，但是”这种拒绝方法的参考句型：

“是的，我能理解为什么事情会那样，但是……”

“是的，你在那件事上当然是正确的，但是，另外一方面……”

这些基本句型可以有许多变化，如：“总的来说，您的看法是对的，如果……”

“你没错，假使我站在你的位置上，我也会这样说，但……”

“你的看法我也有同感，问题在于……”

根据上述理论，在拒绝对手时，先说“是的”，表示同情和理解，创造一种较为融洽的谈判气氛，缩短双方之间的心理距离后，再讲“但是”。由于你对对手的某些看法大加赞赏，对手自动地停止了自己的讲话，含着笑、点着头专注地欣赏别人对自己观点的肯定和发挥。这时，在他眼里，你是与他站在一边的，对立已经不存在了。尽管你在赞扬的意见后表达了不同意见，那也好商量了。

运用肢体语言发挥表达作用

国际肢体语言专家阿尔伯特·麦拉宾有这样的研究结论：人在彼此表达交流中，一条信息产生的全部影响力有7%来自语言（仅指文字），38%来自声音（包括语音、音调等），而55%来自无声的肢体语言。有专家还有这样的观点：话语的主要作用是传递信息，而肢体语言左右着人与人之间思想的沟通表达。

事实上，我们在与人交流沟通时，即使不说话，也可以凭借对方的肢体语言来探索他内心的秘密，对方也同样可以通过肢体语言了解到我们的真实想法。

人类的动作、表情是本能的，每个人平时说话都会不知不觉地做出某些表情动作。人们说话时变化的目光、或喜或怒的神态、举手投足的动作，经常同所表达的内容密切相关，同时也反映出说话人的修养。事实上，你同另一个人见面，虽然尚未正式开口说话，但交际活动已经开始，双方的眼神、表情、动作都在传递着信息。说话时，对方不仅在听，还在看。皱眉头、嘴角向下撇，那显然是话不投机；和颜悦色、笑脸相对，说话就易于顺利进行。因此，在口语交际的过程中，我们必须给这种无声的肢体语言以应有的关注。如果在说话时能够恰到好处地运用身体语言，就能够使说话重点突出，使自己的表达更具有感情，形象生动，因而更富有吸引力和感染力，交际的效果会比单纯凭借有声语言好得多。

一个人的肢体语言和有声语言，是构成其语言的两种重要形式。每个人在实施活动的过程中，针对不同的对象、场合等情况，有时可单独使用，有时也可将两者结合使用。但在更多的情况下，要注意肢体语言和有声语言的相辅相成的关系，更好地发挥出自己言语的效能。

所以，在与人交谈时，为了更加接近彼此之间的距离，更为优雅得体地说话交谈，我们有必要了解和运用肢体语言在沟通表达中的作用。

1. 头部语言

在对方讲话时，我们要适时地点头。大部分人从来没有意识到点头这一动作的威力，事实上，恰当的点头动作会成为相当具有说服力的工具。研究显示，如果聆听者每隔一段时间就向说话人做出点头的动作，每次做这个动作时点头次数以 3 次为宜，就会激发说话人的表达欲望，能够让他比平时健谈 3～4 倍。

点头的动作还具有相当的感染力。如果有人对你点头，你通常也会向他回报以点头的动作，即使你并不一定同意这个人所说的话。因此，在建立友善关系、赢得肯定意见与协作态度等方面，点头的动作无疑是绝佳的手段。

在点头的同时，我们的脸上应该表现出微微的笑容，眼睛直视对方。

2. 身体语言

当我们与对方说话或聆听的时候，上身向前倾，会显得更有诚意，也更容易拉近你与对方的距离，赢得对方的好感。坐着的时候，靠着椅背不如上身稍向前倾来得好。当我们改变坐姿，自然就博得对方的好感，他会觉得我们很认真而且积极。

第八章

声声入心，要把话说到心坎里

用真诚的话打动人心

松下电器的创始人松下幸之助说过这样一段话："在这个世界上，我们靠什么去拨动他人的心弦？有人以思维敏捷、逻辑周密的雄辩使人折服，有人以慷慨激昂的陈词去动人心扉。但这些都不足以打动人心。我认为，在任何时间、任何地点去说服人，起作用的因素始终只有一个，那就是真情实感。"

在与人相处时，没有比真情实意的语言更能打动人心的了。一句简单的嘘寒问暖，能让人体会到你对他的关心；一句真情实意的劝解，能消除对方的防范心理，甚至让对方悬崖勒马、浪子回头。

一个深夜，一位出租车女司机被一个年轻男子劫持。面对凶恶的歹徒，女司机并没有慌，她一边把钱递给歹徒，一边对歹徒说："今天就挣了这么点儿，如果你嫌少，我还有点零钱。"见这位女司机这样爽快，歹徒有些发愣。

这时，女司机趁机说："这么晚了，家里人该着急了，打车又不方便。这样，你家住在哪儿，我送你回去吧。"歹徒犹豫了一下，把刀收了起来，说："送我去火车站。"

女司机见车里的气氛缓和了，便语重心长地说："我家里原本十分困难，而且我一没文凭，二没技术，只好去学车，于是便开始开出租车。虽然挣钱不算多，但是总归饿不死人，何况自食其力，穷点儿别人也不会笑话我。”

歹徒没有说话，眼神有点暗淡。女司机继续说：“唉，谁都有难的时候，但是好在我们都身体健全啊！一个男子四肢健全，有力气，干啥都行。但是，如果走上这条路，一辈子就真毁了……”听着女司机耐心的劝导，歹徒突然哭了起来，然后把刚才抢来的钱一把塞到女司机手里说：“大姐，我错了。”

人非草木，孰能无情。这位歹徒本来想抢劫，却被女司机充满真情实意的话所打动，最终流着泪承认了自己的错误。由此，我们可以看到，真情实意的话往往能拨动他人心里的那根弦。

真情实意，不光讲“情”，还讲“真”。真即真心、真诚，真诚是人类美好的品质之一。有经验的推销员不是那些油嘴滑舌、谎话连篇的人，而是那些用实实在在的语言、行动打动客户的人。日本著名的推销员原一平说过这样一句话：“做人和做生意都一样，第一要诀就是诚实。诚实就像树木的根，如果没有根，树木就没有生命了。”

原一平曾经在一家电器公司当推销员，在短短半个月时间内，他就做成了30笔生意。但是，没多久他便发现，自己卖给这些客户的产品比市场上同样性能的产品贵很多。他想：“如果这些客户知道了，就会认为是我欺骗了他们，以后还怎么向他们推销产品？”

于是，原一平拿着合约书和订单逐一找到了这30位客户，并和他们说明了情况，询问他们是否考虑续约。这些客户被原一平这一真诚的行为所感动，不仅没有退回产品，还成了原一平忠实的客户。

无论是在日常生活中还是在生意场上，只有真诚的话，才能深入他人内心，触碰到人灵魂的最深处，从而唤起人内心最真挚的感情。因此，说话的魅力不在于你口若悬河，而在于你是不是真情实意。

善用“我们”拉近彼此间的距离

一次，一位老板带着他的员工去参加一个工作会议。当这位老板上台发言的时候，一位朋友注意到，在短短的三分钟内，他一共用了36个“我”，比如“我的公司”“我的企业”“我的产品”等。

等到这位老板演讲完毕，朋友拍了拍他的肩膀对他说：“真遗憾，你失去了所有的员工。”这位老板怔了怔说：“我失去了所有员工？没有呀？他们都好好地在公司上班呢！”朋友笑了笑，说：“哦，难道你的这些员工与公司没有任何关系吗？”

有一位名人说过这样一句话：“一个满嘴‘我’的人，一个独占‘我’字、随时随地说‘我’的人，是一个不受欢迎的人。”在人际交往中，如果总是把“我”字挂在嘴边，就会给人一种以自我为中心的感觉，给人留下突出自我、标榜自我的印象，而如果善于用“我们”来代替“我”，效果则会大不一样。

一位个子矮小、身材消瘦的女孩子来到一家服装店买衣服。她大概是想买一条裙子，可是试了很多条都不是很满意。女孩叹了口气，准备离开。这时，一位和她身材差不多的导购小姐走过来问：“是不是觉得不好挑衣服？”

“是呀。”

“像我们这样瘦小的女孩子，买衣服最难挑了。人家几分钟就能办妥的事，我们得多花一个小时呢。”

“是啊，我就是经常买不到合适的衣服。”女孩点了点头，深有同感地说。

接着，这位导购小姐向女孩传授了一些瘦小女孩的穿衣技巧。最后，女孩高高兴兴地挑了一条裙子。

这位导购正是用“我们”拉近了自己和女孩之间的距离，让女孩心生好感，买下了裙子。事实上，作为听众，如果对方说“我”“我觉得”“我认为”时，我们往往没什么感觉；而如果对方说“我们”“我们觉得”“我们想一下”，我们就会觉得对方很亲切。如此看来，“我们”这个词的确可以缩短人与人之间的心理距离。

我们经常可以见到一些演讲者这样说：“我们常说……”“让我们来想象一下”“我们是否应该这样”。那些社交经验丰富的人们经常这样说：“让我们一起”“我们觉得”“我们这样”。因为“我们”这个词代表了“你也参与其中”，并且这样说话能使你觉得和对方的距离更近，听起来更亲切。

因此，在人际交往中，要少说“我”，多说“我们”。很多推销员都深深懂得这一说话技巧的效用，因为作为推销员，每天要接触形形色色的客户，即使不能准确地把握每位客户的心理，但是只要为客户着想，把客户和自己拉到“我们”这一范畴，就会让客户喜欢你。

那么，在日常生活中该如何用好“我们”呢？需要注意以下两点：

(1) 尽量用“我们”代替“我”。例如，“我建议，今天下午……”可以改成：“今天下午，我们……好吗？”

(2) 多用“我们”开头。例如，“我最近做过一项调查，发现很多员工对公司的奖金制度有异议，我认为这些不满情绪……”可以改成：“我们最近做过一项调查，发现很多员工对公司的奖金制度有异议，我们认为这些不满情绪……”

放低姿态说话赢得友情

在生活中，我们会发现一个有趣的现象：那些大企业家，德高望重的前辈、大学者，说话总是很随和，让人容易亲近，并对他们产生好感；而那些没什么本事或是稍有一点成绩就炫耀的人，说话总是趾高气扬、咄咄逼人，甚至是一副颐指气使的模样，让人难以亲近。

小王大学毕业后，进入某机关单位工作。眼看快 30 岁了，还是一个小科长。上级部门经过多次考察，认为小王有能力，也有业绩，于是想提拔他。但是，每次群众评审都通不过。小王为此很苦恼。

一次，一位领导点出了这件事的症结所在："小王，你虽然是科长，但是在和下属谈工作的时候也要放低姿态，不要给人一种盛气凌人的感觉，要多说一些平易近人的话。"小王听后，默默记下了。于是，在之后的工作中，小王变得随和了。不久，小王发现，下属对他的态度有了很大的变化，十分配合他的工作，之前一些抱怨的声音也渐渐消失了。当然，后来小王顺利地升职了。

小王最后得以升职，是因为他放低了自己的姿态，得到了下属的支持。由此可见，说话者适时放低自己的姿态，更能满足低位者自尊心的需求，更能讨人喜欢。

比如，你被公司领导提拔，由一名普通员工一跃成为公司的管理人员，必定会有人嫉妒、羡慕你。这时，你说话一定要放低姿态。你的晋升意味着你以前的领导变成了你的同级，与这些人说话时也要放低姿态。比如，可以这样说："您是我的上级，曾经多次鼓励我要争取上进。正是由于您的提携，我才能得到提升。"

说话时，我们不仅要放低姿态，还要学会换位思考。特别是当对话双方地位悬殊时，这种说话姿态尤为重要。

一位美国总统为了庆祝自己连任，开放了白宫，和100多位小朋友亲切"会谈"。

其中一个小朋友问总统："您小时候哪一门功课最糟糕？也会挨老师批评吗？"总统笑着回答道："我的品德课最糟糕，因为我总是爱说话，经常会打扰别人学习，所以老师经常批评我。"

小朋友们一听，原来总统也和自己一样，经常挨老师批评啊！于是，谈话更加随意、活泼起来。

过了一会儿，有一个来自芝加哥贫民区的女孩子对总统说："我每天上学都很害怕，因为我怕遇到坏人。"

总统收起了笑容，表情变得严肃起来，然后亲切地拉着小女孩儿的手对她说："我知道现在国家的治安问题给你们的生活带来了一些影响，比如毒品、枪支和绑架的问题。不过，我可以向你们保证，我们会尽最大努力去改善这一情况。你们也要好好学习，将来我们共同努力，一起来对付坏人，让我们的生活更美好。"

这位总统在和小朋友对话时放低了自己的姿态，变成一个和蔼可亲的"大朋友"，让小朋友们觉得他是一个贴心的好朋友，从而得到了孩子们的喜欢和爱戴。

贵为一国总统尚且能如此放低姿态说话，更何况我们呢？请记住，无论何时，放低姿态说话都是一种处世哲学，更能赢得他人的认可。

把话说到别人的心窝里

说话表达，是一个传递信息的过程。提高自己的语言表达能力，把话说好，不仅关系到说话者本人能否准确、流畅地表达自己的思想，而且还决定了你所表达的思想、信息能否为听众所接受并产生共鸣。

把话说好，一个重要的准则就在于能否把话说到别人的心窝里，拨动人家的心弦。

某市文化公司要建一座影剧院。一天，公司王经理正在办公，家具公司李经理上门推销座椅。他一进门便说：“哇！好气派。我很少见到这么漂亮的办公室，如果我也有一间这样的办公室，我这一生的心愿就满足了。”李经理就这样开始了他的谈话。然后，他又摸了摸办公椅扶手说：“这不是香山红木吗？难得一见的上等木料。”

“是吗？”王经理的自豪感油然而生，并说，“我这整个办公室都是请深圳装潢厂家装修的。”王经理又亲自带着李经理参观了整个办公室，介绍了计算比例、装修材料、色彩调配，兴致勃勃，满足之盛，溢于言表。

如此，李经理自然可以拿到王经理签字的订购合同。同时，互相都得到了一种满足。

李经理没有直接赞赏王经理有品位、有见地，而只是说起了王经理办公室的豪华气派，令对方倍感自豪，兴致大发，于是拉近了与陌生人之间的感情。

“投其所好”，原意是为达到某种目的而迎合对方的爱好，即通过满足对方心理需求这一手段达到彼此相通的目的。

事实证明，与人交谈，多说些他喜好的话题，很容易使对方产生理解和共鸣，继而就会带来谅解和愉快的合作。反之，则会产生排斥和拒绝。要使对方从消极到积极、从拒绝到合作，就需要积极进行引导、启发。

站在对方的角度表达

有家电视台，设有一档关于人生问题讲座的节目。据说，收视率要比其他同时段的节目高出许多。收视率之所以高，当然有许多原因，其中或许有人们都喜爱观看他人遭遇不幸的残酷心理。不过，最主要的还是因为节目中巧妙的对话，使人百看不厌。

大多数有疑难问题而上电视请教的观众朋友，在开始时，常常会对解答者所作的各种忠告提出反对意见或辩解，并且显得十分不情愿接受对方所言。但久而久之，不由得对解答者所说的每一句话都会频频点头称是。见了这些画面，真是比在电影院中观赏一部电影的感受还要深。

凡电视台的主持人或解答者，无不是精挑细选才产生出来的。所以，光是听听他们的说服方式也能获益不少。

对于不易说服的人，最好的办法就是要使对方认为你与他是站在同一立场的。通常出现在探讨有关人生问题的电视节目的观众朋友，离婚女子占多数。此时，负责解答疑难者说的一句话是："如果我是你的话，我会原谅他的，而且绝不与他分手。"

千万别认为话中的"如果我是你"只是一句简短的单纯的话，殊不知它能发挥的效力是不可估量的。这是人人都认为"自己最可爱"的心理所致。

如果你在说服别人的过程中，无意中使用了一些不太得当的言辞，但由于你巧妙地运用了这句“如果我是你”，不仅弥补了言辞上的过失，还能促使对方做自我反省，使对方终于感觉到唯有你的忠言才是对他自己最有利的。

卡耐基曾租用某家大礼堂讲课。有一天，他突然接到通知，租金要提高3倍。卡耐基前去与经理交涉。他说：“我接到通知，有点震惊。不过，这不怪你。如果我是你，我也会这么做。因为你是旅馆的经理，你的职责是使旅馆尽可能盈利。”

紧接着，卡耐基为他算了一笔账，将礼堂用于办舞会、晚会，当然会获大利。“但你撵走了我，也等于撵走了成千上万有文化的中层管理人员，而他们光顾贵旅社，是你花5000美元也买不到的活广告。那么，哪样更有利呢？”经理被他说服了。

卡耐基之所以成功地说服了经理，就在于当他说“如果我是你，我也会这么做”时，他已经完全站到了经理的立场。接着，他站在经理的角度上算了一笔账，抓住了经理的兴奋点——盈利，使经理心甘情愿地把天平砝码加到卡耐基这边。

汽车大王福特说过一句话：假如有什么成功秘诀的话，就是设身处地地替别人着想，了解别人的态度和观点。因为这样不但能使你得到与对方的沟通机会和被对方理解，而且可以让你更为清楚地了解对方的思想轨迹及其内心的想法，从而让自己的说话表达有的放矢，精准到位。

将心比心抓住客户的心

在一个市集上有两个人卖豆腐，分别是老王头和老李头。两个人手艺差不多，做出的豆腐都是一样白嫩。每次客人来买豆腐，两个人老远就吆喝上了：“豆腐，新鲜的豆腐……”听那吆喝的腔调，也没什么区别，而且同样都给足了斤两。

可是，一阵子过去了，来老王头豆腐坊买豆腐的人越来越多，而到老李头那儿买的人却没几个。刚开始，大家都觉得奇怪。后来，有人观察了几次，才明白是怎么回事。原来，同样是卖豆腐，每当有人买豆腐时，老王头总是多问一句关心的话。

比如，赵大妈最近生病了，过来买豆腐，老王头问：“听说你感冒了，好点没有?”跑运输的黄师傅过来买豆腐，老王头问：“最近活儿累不?”做农活的老吴头擦了把汗，过来买豆腐，老王头问：“还干农活呢？身子该吃不消了。”总之，凡是来买豆腐的，老王头总是十分关心地和对方聊两句。时间久了，大家都把老王头当成了朋友。即使不需要买豆腐，听到他的吆喝，也要过去说几句话，买上一两块豆腐。

也许老王头根本不懂什么销售技巧，他只不过是想和客人聊聊天，关心一下对方罢了。但是，就是这样一个小小的举动，却使得来他这里买豆腐的人络绎不绝，因为大家都想听听老王头那关心的话。

其实，销售过程不仅仅是了解客户的需求这么简单，更重要的是将心比心，多关心客户，让客户感到你不是在向他们推销业务，而是在关心他们。只有这样，客户才会认可你的产品和服务。

乔·吉拉德被誉为世界上最伟大的推销员，他在 15 年中卖出了 13000 辆汽车。成绩最好的时候，一年能卖出 1425 辆（平均每天 4 辆）。这个成绩还被收入到了《吉尼斯世界纪录大全》中。你知道他是怎样做到的吗？看看他的推销过程，你就知道了。

有一次，一位中年妇女走进了乔·吉拉德的展销室，说自己看看车，打发一会儿时间。闲谈中，她说想买一辆白色福特车，就当是送给自己的生日礼物。但是，对面福特车行的一位推销员却让她过一小时再去，所以只能先到这儿看看。

乔·吉拉德听了，点了点头，说："生日快乐，夫人!"一边说着，一边请她进来随便看看，接着出去交代了一下，然后回来对她说："夫人，您喜欢白色车，既然您现在有时间，我给您介绍一下我们的双门轿车——也是白色的。"

他们正谈着，女秘书走了进来，手里拿着一束玫瑰花。乔·吉拉德把花递给了中年妇女，并对她说："祝您长寿，尊敬的夫人。"这位女士很感动，眼眶都湿了。她说："已经很久没有人给我送礼物了，刚才那位福特车推销员一定是看我开了辆旧车，以为我买不起新车，所以我刚要看车，他就说要去收一笔款，于是我就上这儿来等他。其实，我只是想买一辆白色车而已，看到表姐的车是福特，我也想买福特的。不过现在想想，不买福特也可以。"

随后，这位女士买走了一辆雪佛兰，并写了一张全额支票。

本来，这位女士打算买一辆福特车，只是因为在乔·吉拉德那儿感受到了被重视与关心，才放弃了买福特车的念头。乔·吉拉德的一个小小的举动，体现了他对客户的关心。由此可见，要想抓住客户的心，我们必须从心底里关心客户。

推销员经常犯的毛病就是过于强调自我，过于强调利益的实现，从而忽视了客户的感受。比如，有些推销员在推销产品的过程中，常常会让客户觉得面子上过不去，从而违心购买产品。虽然这种方式在短时间内能取得利益，但是时间长了，你必定会失去客户。

一位推销员正在向客户推销化妆品，客户已经答应购买了。可是，这位客户忽然想起，自己家里已经有此类型的化妆品了，又不好意思直接拒绝，便支支吾吾地说:“那个……我忽然想起我家里……”推销员听出了话里的意思，于是急忙热情地说：“真不好意思，今天出来太匆忙，带来的品种不多，我下次来的时候一定多带一些化妆品让您挑。”这位推销员将全部责任都揽到自己身上，让客户大感欣慰，于是说：“没关系的，我觉得刚才你给我推荐的化妆品很好，我买下了。下次有合适的化妆品，别忘了告诉我。”

如果这位推销员不顾客户的面子，执意推销自己的化妆品，就会导致彼此很尴尬。不过，这位推销员没有这么做，而是为客户寻找了一个借口，说是自己带的化妆品品种不多，让客户面子上过得去。其实，为客户寻找借口也是一种将心比心的做法，这种做法无疑会让你赢得客户的青睐。

请记住，一个聪明的销售高手在介绍自己的产品时，往往不是单纯地传达自己的意见，而是全力关心对方。

第九章

因人表达，能够赢得大家的欢迎

“看”人说话

不同的人爱听不同的谈话内容，因此说话表达要多说对方爱听的话。但困难的是你怎么知道他爱听什么、不爱听什么呢？这就要“看”人说话——边“看”边说，边说边“看”。这“看”，即是观察：在与对方谈话时，要善于一边说一边察言观色。

“看”对方什么呢？

1. 看面部表情

狄德罗曾经说过，一个人内心的每一个活动都表现在他的脸上，刻画得很清晰、很明显。有时，对方口头上表示赞同你的意见，但他的眉头却不知不觉地紧皱了起来，或者他的嘴唇突然紧闭，而且嘴角向下撇。这些表情恰恰是内心不愉快的流露。因此，他说的赞同的话其实是言不由衷的，或者碍于情面，或者屈于权势，才不得不这样说的。

2. 看体态表情

几乎每一种体态或每一个动作都是一种特殊的语言，都在展示着一个人的内心世界。问题在于我们要能看懂这些体态表情，要能领会它们的内在含意。假如与你谈话的人双脚并立，双臂交叉在胸前，这就表明此人对你怀有某种敌意，他在做自我防卫；当他不仅双臂交叉，而且双拳紧握时，那就代表他不只在自卫，还要向你进攻了。又如，谈话者常向你摊开双手，这就表明此人是真诚坦率的，他对你毫无提防之心。

3. “看”语言表情

与人交谈时，不但要“看”他说什么，而且还要“看”他怎么说。这就是要从对方说话声音的高低、强弱、快慢、腔调等“看”出他的言外之意，听出他的弦外之音。这是因为，说话声音的种种变化不但表现一个人的性格——急性子的人说话节奏快、声音响亮，慢性子的人说话节奏缓慢、声音低沉——而且能够表明一个人的情绪与心境。例如，人忧伤时语速慢、声音低、节奏平缓，而人兴奋时则与之相反，语速快、声音高、节奏强烈。

所谓“看”人说话，主要是“看”上述三种表情。从这些表情变化中，我们便可随时猜到对方的心理态势，透视对方的心理需要，然后就可以随时调整自己谈话的内容与方式，使之更适应对方的思想线索。这样一来，说话便可获得预期的良好效果。

“看”人说话，因人表达，将使你在成功的道路上路路绿灯、处处顺畅。

说话方式要与对方性格相投

性格，是对人、对事的态度和行为方式所表现出来的心理特征。一个人的性格特征通过自身的言谈举止、表情等流露出来。例如，那些快言快语、举止简捷、眼神锋利、情绪易冲动的人，往往是性格急躁的人；那些直率热情、活泼好动、反应迅速、喜欢交往的人，往往是性格开朗的人；那些表情细腻、眼神坚定、说话慢条斯理、举止注意分寸的人，往往是性格稳重的人；那些口出狂言、自吹自擂、好为人师的人，往往是性格骄傲自负的人；那些懂礼貌、讲信义、实事求是、心平气和、尊重别人的人，往往是性格谦虚谨慎的人。

对于这些不同性格的人，和他们说话表达时要具体分析、区别对待。说话方式与对方性格相投，自能一拍即合。

罗斯福未成名之前，曾参加过一个宴会。他看见席间坐着许多不认识的人。这些人是认得罗斯福的，不过因为他们和罗斯福的地位不同，所以虽然认识罗斯福，但表情却非常冷淡，并没有因罗斯福地位高而表现殷勤。那时，罗斯福刚从非洲回来，正在预备 1912 年选举的第一次旅行。罗斯福看见这些人对他没有表示友好的意思，立刻想出一个办法：他故意拿出几个简单的问题，去问那些不相识者。

陆思瓦特博士是筵席上的主人，那时，正坐在罗斯福的身边。罗斯福凑近他轻轻地说：“请把坐在我对面那些客人的情形告诉我一些!”陆思瓦特把每个人的性情特点都大略告诉了他。罗斯福了解到每个人的性情以后，立刻就有了适宜的谈话资料。

不同的人接受他人意见的方式和敏感度是不同的，因此要针对对方的性格来说话表达，对于性格不同的人，与之说话的方式也要有所不同。

刚愎自用的人，不宜循循善诱，可以激他；喜欢夸大的人，不妨诱导；生性沉默的人，要多挑动他发火；脾气急躁的人，用语要简明快捷；思想顽固的人，要看准他的兴趣点，进行转化；情绪不正常的人，要让他恢复正常后才谈。

喜欢婉转的，就说流利的话；喜欢直接的，就说爽快的话；喜欢学问的，就说高远的话；喜欢家常的，就说浅近的话；喜欢诚恳的，就说朴实的话；如此等等。只有知己知彼，才能对症下药，收到最好的说服效果。

会表达的人都会让对方感兴趣

会表达的人，在交际场中，当然能获得优势。不会表达的人，在交际场中，时时处处落下风。

有的人，无论生张熟魏，都能一见如故；有的人，却不论新交旧识，总是落落寡合。如此不同，真有如天壤之别。

一见如故的，大家都欢迎他，而使他成为交际场中的中心。落落寡合的，大家淡焉若忘，不会和他有亲热的交流。

会表达的人，绝不肯单独同一个人讲话，他们一定能够周旋于大众之间，而且和每个人都有相当的接触，绝不会对某甲特别亲热，而对某乙特别冷淡。

会表达的人，绝不会用同一种方式，与每一个人接触，他们对于每个人，一定各有一种说法。

或者追述故事，或者即景生情，或者谈偶发事项，或者谈朋友近况，或者谈生意经略，或者谈国家大事，或者谈某种学问，或者谈某种艺术，或者谈业余生活，或者谈茶经食谱，或者谈金石书画，或者谈评剧昆腔，或者谈稗官野史，或者谈本地风光，或者谈对方的近况，或者谈对方的著作，他们的谈话资料，有新有旧、有浅有深、有俗有雅、有远有近，各随对方的生活情形而定。

对于新人，不讲旧话；对于旧人，不说新话；对于浅人，不讲深义；对于深人，不说俗论；对于俗人，不讲雅事；对于雅人，不说俗情。他们所说的话，都不是自己要说的话，而是对方要说的话。说话的目的，不是炫耀自己的长处，而在于引起对方的兴趣。

与异性之间表达的技巧和艺术

在社会生活中，同异性谈话是一个微妙而复杂的问题。东方人在传统文化的影响下，所表现出的行为比较含蓄。情感着重内在的体会，而不善于言辞的表达。而西方人的行为则显得比较外向、开放、大胆，在语言的运用表达上也比较热烈、直接与外露。但是，从某种角度讲，异性之间的交谈毕竟还是有一些共同的特点与表达方式的。

与异性讲话，不同于与恋人和夫妻之间的讲话。由于性别的敏感性，在同异性讲话时，人们特别容易感到性别的差异，因而自觉或不自觉地抑制自己的情感，从而影响自己的口才和表达能力。比如，在讲话时，异性之间会故意回避有关性的问题，很少使用与性有关的字眼，甚至有关性、爱情的学术讨论都难以开展。在同异性讲话时，人们的坐、站、行的姿势都会尽量掩盖性的特征。有的人一同异性讲话就很不自然，心情十分紧张。如果不讲究表达技巧和艺术，就很难收到预期的效果。下面，介绍几种非常有效的与异性交谈表达的方法。

1. 投其所好

有很多人在异性面前只注意谈他们自己感到有兴趣的事情，而这些事情也许是人家感觉非常无趣的。这样的谈话肯定不会有好的效果。可以把这方法反过来应用，你去引导别人谈他所感兴趣的事情。例如，关于他的专长、成就等。这样做，即使你的谈话不多，也会给人家一种亲切的印象。例如，小张在中秋节来临时，乘车回去与家人团聚。碰巧和一个“她”坐在同一排座椅上。而他不久便发现了身旁那道“俏丽风景”：身边的她身材苗条动人，一双大眼睛充满灵气。于是，小张在心里悄悄地对自己说：“噢，要是能认识她该多好啊！”但该怎样认识呢？后来，他见到“她”面前放着一本《文学词典》，这才灵机一动，开口问道：“嗨，小姐，你带着一本《文学词典》，想必也是一个文学爱好者啰？”就这样，由他那句话作引子，他们从鲁迅、胡适谈到三毛、王蒙，从唐诗宋词谈到朦胧诗、小散文……谈到终点站时，两人就已经交上了朋友。

2. 没话找话

在现实生活中，有时会出现这样的情况：当你面对自己想与之交谈的异性时，他或她却要拒你于千里之外或实行逃避主义。这时，该如何应对呢？最好是找一个美丽的借口使其愿意与你继续交谈。国外有这样一个故事：一位漂亮小姐坐在火车上，乘客寥寥无几。没过多久，上来了一位男士。他环视了车厢之后，发现只有那位小姐孤零零地坐着，就准备坐在这位小姐身边。小姐向车内看了看，发现还有许多空位，于是抬头看他，说：“为什么你单单选择这个位置呢？”“因为我经常坐在这个位置，这里是能得到幸运的位置。”她拿出行李站起来：“原来是这样，那么请坐吧。我可以到别的空位去。”等她换了另一个位置后，那位男士也随之跟了过来。“呀，你怎么离开你的幸运位置了？”“因为我已经抓住了幸运，所以，我决定抓住不放。”那位小姐听了这样的诡辩，一下子笑了，说：“你这人也真够幽默。”“这就是我的风格呀……”就这样，双方的话题一下子打开了。

3. 赞美鼓励

人是喜欢被称赞的，无论是 6 岁的人还是 60 岁的人都一样。与异性说话时用赞美来鼓励，提起了他（她）的自尊心，就比较容易打开其话匣子。这个方法同样适用于你的部属或同学、你的丈夫或太太，以及你所打交道的一切熟人和陌生人。

4. 谈论趣事

聪明的人在与异性谈话时，会恰到好处地选择那些生活中的趣事作话题，这样既可以消除彼此间的距离，也容易产生共鸣，增强亲切感。比如，选择一些比较轻松、大众化的话题：影视圈里的绯闻逸事，音乐界里的排行夺魁，校园生活的诗情画意等。

有一次，家里来客，是妻子智君的两位女同学。她在厨房尽“马大嫂”（买、洗、烧）之责，由丈夫陪聊。毕竟是第一次见面，她俩免不了忸怩起来。丈夫赶紧调侃道：“早就听智君讲，两位大小姐的烹调手艺很够品位的，今儿个你俩就给智君搞个技术鉴定，免得她竖着尾巴招摇过市，我很没面子的哦！”两位小姐抢着自谦起来：“哪里呀，对烹调我们都没有研究，只是一些雕虫小技，远比不上智君姐的手艺地道。哪日先生赏光，我们献献丑哇！”丈夫一席话，很快消除了彼此的生疏感，使双方的交谈很快进入佳境。

5. 随机应变

和异性交谈，要比和同性谈话加倍地留心才是。因为你对他（她）所知甚少，加之性别的缘故，彼此之间的话题就显得特别谨慎敏感。所以，你不得不重视任何可以得到的线索和暗示，随机应变地调整你的语言。

炜正暗恋着公关小姐玲。一日，他带客人到大酒店“宿营”，顺便找到玲联络感情。可是，玲以往见到他时的满面春风已无影无踪，迎接他的是神情倦怠、忧悒寡欢。炜不明真情，不敢造次，只好用“大众情话”开玩笑道：“嗨！大小姐依然阳光灿烂，真是一天一个崭新的气象呀！”“唉，什么灿烂啦、崭新啦！生活还是做圆周运动。”玲沉默片刻后，无精打采地敷衍着炜。

“是呀，生活是在做圆周运动，可我们作为圆周运动上的一个分子，每天都在发展自己呀！瞧你，昨天春光明媚活泼浪漫，今天秋色深沉睿智练达，处变不惊。佩服！佩服！”

“佩服什么呀，你别美化我啦，我正为无故遭到总经理训示，好生难过哩……”显然，玲被炜的细心体贴所感动，终于敞开心扉与炜畅谈起来。

6. 善用激将

与异性交谈，有时会遇到特别矜持的异性（女性居多）。当男子首先向她说话的时候，她像惜字如金似的仅用“是”与“不是”作答。无论你如何发问，她总是简单作答。对于这种性格的异性，你就要锲而不舍，耐着性子继续进攻。你要相信，时间能慢慢地使陌生者变得亲切起来，甚至引出她最感兴趣的话题，逐步改变“话不投机”的局面。

阿祥因写一篇市场调查报告，需要找计算机操作员文姝小姐查看有关资料。可看见文小姐那满脸的修女神情，他心虚发慌了。

稍定后，阿祥与她攀谈起来：“文小姐每天都挺忙的啊！”

“对！”

“你操作计算机如此熟练有些资历了吧？”

“不长！”

几个回合下来，文姝不但始终斩钉截铁般吝啬作答，而且脸上一直未解冻。

于是，阿祥转变谈话策略：“听办公室主任讲，我们单位有两位天使最驰名，你猜是谁？”

“不知道！”文姝依然简单作答。

“好，我告诉你。一个是公关天使阿凤，另一个就是小姐你呀！”阿祥放慢谈话速度说。

“他们叫我什么天使？”

阿祥见文姝的玉容终于活跃起来，故意顿了顿说：“叫你冷艳天使啊！”

“简直胡说八道，阿祥，你看我像那么冷的人吗？其实……”文姝的话匣子终于被打开了。

当代青年男女只有积极消除彼此存在的言语障碍，运用各种恰当得体的交谈表达方式，因人而异、因境而异，才能在异性之间架起一座沟通思想感情的桥梁，建立和谐的人际关系。

给领导提意见时要留面子

有些人或许会说："我直言不讳地指出领导的错误，是更加尊重领导的表现，识大体的领导都会因为自己有一个敢于直言的下属而高兴。"其实，这些人还忽略了一点，那就是话有三说，巧说为妙。我们不妨试想一下，一个为自己保留了面子，又让自己意识到了错误的下属，和一个让自己意识到了错误，但丝毫不给自己留面子，让自己下不来台的下属，领导会更喜欢哪一个呢？哪一个的前途会更加顺畅呢？

王先生是我在江苏做沟通培训时结识的一位学员。培训结束后，他的沟通力获得了极大的提高。有一次，他打算去一位同事家下棋。由于王先生的领导付经理和他们住在同一个小区，也是一个标准的象棋发烧友，所以就打算和王先生一起去。

付经理平时不太注意自己的仪态，常常给人一种邋遢的感觉。对此，公司那些下属虽然颇有微词，但也不好直说。这次，小王决定给付经理"提个醒"。于是，王先生也故意穿得很邋遢。当他和付经理准备步行前去的时候，他突然说："哎呀，领导，我忘了换衣服了。我穿着这身衣服去同事家，就算同事不在意，我也怕他老婆嫌我对他们不尊重。您等我一下，我去换一身行头啊。"付经理听了王先生的话，也意识到了自己的不足，就说："那我也去换一下，到时候还在这里碰头。"

换完衣服碰头后，王先生见时机成熟，就诚恳地说："经理，您看您穿这一身多精神啊，人也显得很年轻，大家看了都喜欢。以后要是一直这样穿，那就再好不过了。"从那以后，付经理就改掉了自己不注重形象的坏习惯，也更愿意和王先生交流了，工作中也对王先生更器重了。

我们在和领导沟通时，常常会遇到一些难以言明的话题。如果直言不讳地说出来，很可能会损伤领导的自尊心或者让领导下不来台。学员王先生是非常聪明的，他通过"旁敲侧击"的沟通技巧，不仅达到了自己的目的，还维护了领导的面子和彼此之间的关系。

我主张在沟通时要给领导留面子，并不是说要做下属的一味忍让，或者是对领导的不足、错误之处视而不见，更不是让做下属的见风使舵、阿谀奉承。我的意思是，在给领导提意见时，要讲究适宜的方式、方法，如此才能既保全了领导的面子，又不伤害你们之间的关系，更重要的是解决了问题。

要做到这一点，就要遵循以下两个原则：

1. 能给领导台阶下时一定要给他个台阶

俗话说得好："得饶人处且饶人。"领导作为你的上级，你更应该这样对他。毕竟，领导也是人，是人就会犯错。更何况领导要比下属更注重自己的公众形象，希望给下属一种英明决断的良好印象。因此，在和领导沟通时，即便发觉领导有不对的地方，也要给领导留个台阶下。千万不要得理不饶人，这会激化你和领导之间的矛盾。

2. 百保不如一争

不少优秀的、懂得沟通的下属都懂得，一味消极地给领导留面子，倒不如给领导争面子，这才是更高明的留面子的方法。毕竟，锦上添花的效果永远没有雪中送炭好。比如说，你的领导在一次投资中由于决策失误，给公司带来了损失。这时，你不妨说："经理，虽然这次投资失误给公司造成了损失，但如果不是你最后果断撤资，我们有可能损失得更多。”这样说来，领导会更感激你。

总之，给领导留面子是非常重要的。如果你执意不给领导留面子，让领导下不来台，领导就会认为你对他抱有很深的成见或敌意，是在故意和他作对。到那个时候，你就会前途无“亮”了。

与下属沟通时要激励人心

激励员工的方式有很多种，除了加薪、升职等物质激励方式之外，还有表扬、肯定等精神激励方式。我曾经和很多企业高管进行过这方面的交流，他们中的绝大多数都更钟情于表扬这种激励方式，因为这种方式简单易行，几乎不需要任何成本。不过，也有不少管理者对我说过，他们在表扬下属的时候，往往收不到好的效果，有些下属甚至都不领情。其实，收不到好效果，员工不领情，很大的原因是表扬的方式不对。

2012 年 7 月，一家主要销售玫琳凯化妆品的企业请我去给企业的中层管理者培训沟通力。在课堂上，我向这些中层管理者们详细讲解了如何通过表扬下属来激励人心。那天，我还给他们讲了一个和玫琳凯公司创始人、“化妆品皇后”玫琳凯·艾施有关的故事。

有一年，玫琳凯公司招聘了一批员工。其中，有一位员工长得很漂亮，能力也很强。但她由于初次接触化妆品行业，严重缺乏经验，接连两个月都没有完成任务。在第三个月的时候，这位员工还是没有完成任务。玫琳凯·艾施就把这位员工叫到了自己的办公室，对她说：“你这个月的销售额是 800 多美元，比前两个月要好很多，继续加油啊，我对你很有信心。”玫琳凯·艾施把信心通过这次沟通传递到了这位员工身上，员工开始加倍努力工作，同时也积极向那些业绩好的前辈们请教经验，最终成为玫琳凯公司的销售冠军。

玫琳凯·艾施绝对是一个非常优秀的管理者，她特别善于和下属沟通。并且在表扬下属时很有分寸，能让下属意识到自己的优点和不足，更重要的是让下属在她的表扬下受到了鼓舞。试想一下，如果当初玫琳凯·艾施不是表扬，而是批评该下属，或者在表扬员工时说“你太棒了，业绩非常好”这样偏离实际的话，会收到怎样的效果？无疑，只会给员工带来压力和自卑感。

在管理下属、和下属沟通的过程中，只有得体、正确的赞美，才能帮助下属提升信心。这不仅对下属有利，对企业的发展也是非常有利的。它可以很好地消除上下级之间的隔阂，在上下级之间营造出一种融洽的工作氛围。

那么，管理者在表扬下属激励人心的时候，究竟应该怎么做，才能收到良好成效呢？下面，我就给大家提供一些方法和技巧。

1. 表扬要及时

俗话说：“打铁要趁热。”表扬下属时，也应该遵循这个原则。当你发现下属有件事做得很好时，一定要第一时间提出表扬，别让下属等得太久。否则，时间一长，有些下属会因为费尽心力干出成绩却得不到你的赏识，而产生明珠暗投的心态，认为你“不识货”，继而产生对公司和团队的离心力，造成优秀人才的流失。

2. 又奖又罚是大忌

不少管理者不是不表扬员工，而是基于怕员工骄傲或其他原因，总不忘再顺带批评员工几句。其实，这就是典型的“赏一个枣再打一个巴掌”的做法，容易产生负面效果。这种做法往往会导致员工刚刚被点燃的激情又被你的批评或者惩罚迅速扑灭。正确的做法是将表扬和批评分开，不可同时进行。

3. 表扬要诚恳

大多数员工并不喜欢听管理者说一些不带任何感情或者非常空

洞、刻板的溢美之词，他们会觉得这些溢美之词只是一些场面话，是为了走个过场，并非发自内心的。所以，管理者在表扬员工时一定要态度诚恳，不要让员工觉得你是在敷衍他们。比如，你绝不能说“表现得很好”，而应该说“你这次的表现让我看到了你的才华和努力，我非常高兴”。

4. 表扬时要具体

不要在表扬员工时说过于笼统的话，要具体详细、有针对性地对员工进行表扬。比如说，一个下属完成了一个项目策划书，你表扬他“这个策划书做得很好”，就远远没有“你这个策划书做得非常棒，里面有很多创意都非常切合时代的主题”这个句式要好，因为后者更能激起员工的自豪感。

管理者在表扬下属的时候，一定要学会正确地表扬下属。如果你能按照以上几种表扬方式去做，相信过不了多久，你就会赢得下属的尊重和爱戴。管理者应该始终铭记一个准则，不会表扬下属的领导不是一名合格的、优秀的领导。

同事之间表达讲究疏通感情

同事关系在现实生活中司空见惯，从分公司总经理之间到部门经理之间都存在同事关系。同事关系处理好，会使本部门工作左右逢源，更会使全局的工作配合得紧密有加。要处理好这样的关系，说话和表达是关键。

感情是人际关系的“协调器”。同事之间的关系应当融洽，互无“心理防线”。这样工作时才顺当，而且心情愉快。由于自己工作成效的好坏与同事无直接的利害关系，因而在寻求同事的配合或帮助时，你和他之间的“感情”则是他是否乐于帮忙最重要的砝码。如果你和他感情甚笃，那么问题就会迎刃而解。反之，不知道要费多少口舌。所以，有经验的人总把加强与同事的感情放在处理同事关系的首位。

要善于主动与同事沟通，敞开心扉，疏通情感交流的渠道。如此，对方也会逐步开启“心理门户”。这样“一来一往”，感情自然会增进。同事之间，相逢开口笑，有助于解决某些分歧与矛盾。鲁迅说得好：“相逢一笑泯恩仇。”

喜怒哀乐是人之常情，同事之间难免有分歧、有磕碰，但常常都在一笑中了之。这说明，笑是一种奇妙的语言。在现实生活中，它既能表达敬意，也能表达歉意，还能表达谅解、宽恕等心情。不要表现愤怒，愤怒的情绪常常激起冲动，使同事之间关系僵化，有时甚至导致不可收拾的结果。因此，每个人都要学会制怒。孙子曰：“主不可以怒而兴师，将不可以愠而致战。”特别是当有人别有用心背后搞自己的小动作时，更是如此。

同事之间的批评也很重要，但要使这种批评真正收到良好效果并不容易。这里要讲究批评的艺术，批评前首先要自问，我批评的是哪件事？是否有“千年谷子万年糠一齐抖”的嫌疑？对方有可能接受我的批评而改正吗？我期望对方改善到什么程度？我选择什么样的时机、方式和场合发表自己的意见？我能否对批评的意见负责任？对方有无可能曲解我的意图？

善于融批评于闲谈、娱乐之中，讲究艺术的批评才能获得良好效果。当对方幡然悔悟时，他就会反过来感激你。这样一来，增进感情的目的就达到了。

第十章 话不说绝，为自己留条后路

把握好表达的分寸

说话表达要有分寸，要言之有度，分寸要拿捏得当，度要把握得恰到好处。

有度的反面则是失度。什么叫作失度呢？一般说来，对人出言不逊，或当着众人之面揭人短处，或该说的没说，不该说的却都说了。这些都是失度的表现。

下面，简要介绍一些在谈话中禁忌的话题。接触这些话题容易导致谈话失度，产生不良效果，在平时与人交谈时要注意避免。

1. 随意询问健康状况

向初次见面或者还不相熟的人询问健康问题，会让人觉得你很唐突。当然，如果是和十分亲密的人交谈，这种情况则不在此列。

2. 谈论有争议性的话题

除非很清楚对方立场，否则，应避免谈到具有争议性的敏感话题，如宗教、政治、党派等易引起双方抬杠或对立僵持的话题。

3. 谈话涉及他人的隐私

涉及别人隐私的话题不要轻易碰触，这里包括年龄、东西的价钱、薪酬等，容易引起他人反感。

4. 个人的不幸

不要和同事提起他所遭受的伤害。例如，他离婚了或家人去世等。当然，若是对方主动提起，则要表现出同情并听他诉说，但不要为了满足自己的好奇心而追问不休。

5. 讲一些不同品位的故事

一些有色的笑话，在房间内说可能很有趣。但在大庭广众之下说，效果就不好了，容易引起他人的尴尬和反感。

在人际交往中，谈话表达要有分寸，要认清自己的身份，适当考虑说话内容。哪些话该说，哪些话不该说，应该怎样说才能获得更好的表达效果，是谈话中应特别注意的。

同时，还要注意讲话表达尽量客观，实事求是，不夸大其词，不断章取义。表达要尽量真诚，要有善意，尽量不说刻薄挖苦别人的话，不说刺激伤害别人的话。

说话要多留余地

人与人之间交往办事，说话交谈，万不可沿着某一固定方向发展到极端，而应在发展过程中冷静判断各种可能发生的事情，以便有足够的条件和回旋余地采取机动的应付措施和表达方式。

某报社的主编交给新来的记者王心一个重要的采访任务，同时，主编告诉他："这件采访工作在实施时存在一定的困难。"正当主编要详细地向他介绍一下时，王心却拍着胸脯说："没有问题，包您满意。"三天以后，没有听到任何动静。主编便问他，采访进展得怎么样了，进度如何。他才不得不说："不像想象的那么简单。"

虽然主编也知道这个采访不会很轻松，但对王心当时轻易地拍胸脯表态却大有反感，从而对他这个人的能力也产生了怀疑。

生活中有很多事情，我们无法预料它的发展态势，也不了解事情的发生背景，切不可轻易地下断言，不留余地，使自己一点回旋空间都没有。

有一次，赵刚与同事之间有了一点摩擦，很不愉快，便对同事说："从今天起，我们断绝所有关系，彼此毫无瓜葛。"这话说完还不到两个月，这位同事便成了他的上司。赵刚因讲过过激的话很尴尬，只好辞职，另谋他就。

因把话讲得太满，而给自己造成窘迫的例子到处可见。把话说得太满，就像把杯子倒满了水一样，再也滴不进一滴水，否则就会溢出来；就像打满了气的气球，再充就要爆炸。

凡事总会有意外，留有余地，就是为了容纳这些“意外”。杯子留有空间，就不会因为加进其他液体而溢出来；气球留有空间，便不会爆炸；人说话留有余地，便不会因为“意外”的出现而下不了台，从而可以从容转身。

那么，怎样说话才能为自己留有余地呢?

对别人的请托可以答应接受，但不要“保证”，应代以“我尽量、我试试看”的字眼；上级交办的事当然要接受，但不要说“保证没问题”，应代以“应该没问题，我全力以赴”的字眼。这是为万一自己做不到留后路，而这样回答事实上又无损你的诚意，反而更显出你的审慎，别人会因此更信赖你。即使事没有做好，也不会怪罪你。

说话表达要恰到好处

中国是个讲究中庸的国家，一切都力求做到恰到好处，过与不及都不值得提倡。在现实生活中，与他人交往，说话表达，恰到好处的原则也很重要。下面，从几个方面来简要谈一下。

第一，对话是交际的基础，有对话才有交流，有交流才能产生情感。一次成功的交谈应像一场接力赛，每个人都是集体接力的一员，既要接好棒，也要交好棒。棒在自己手上时，要尽心尽力跑好；棒在他人手上时，不妨为之加油，为之喝彩。如果把交谈变成一个人的独白，尽管你讲得眉飞色舞，口干舌燥，也没有人为你鼓掌喝彩。所以，能说善侃者切忌扮演“一言堂主”的角色。

第二，在交谈中，由于各人的阅历不同，对事物的认识也不尽一致，观点的分歧、碰撞、交锋就不可避免。这本是很正常的现象，如果一听到对方提出不同的意见，就急迫地插话或打断他人的话，欲把自己的观点强加于人，这样必然给人留下狭隘偏激的印象。明智的做法应该是大度宽容，不要盲目排斥。人家观点与你不一致，你可以说服或被说服，可以妥协，也可以求同存异。智者千虑，必有一失；愚者千虑，必有一得。集思广益，取长补短，才能使我们既长智慧，又得人心。

第三，在交谈的过程中，每个人都有表现欲，同时也有被发现、被承认、被赞赏的内在心理需求。如果只热衷于表现自己，而轻视他人的表现，对自己的一切津津乐道，而对他人的一切不屑一顾，就势必造成自吹自擂、自我陶醉的不良印象。

从以上三个方面的叙述，我们可以看到，恰到好处对说话表达有很大的影响。如果是“一言堂”，就会被人称为“话篓子”，甚至会妨碍与他人的继续交往。

逢人只说三分话

罗曼·罗兰说："每个人的心底，都有一座埋藏记忆的小岛，永不向人打开。"马克·吐温也说过："每个人像一轮明月，他呈现光明的一面，但另有黑暗的一面从来不会给别人看到。"

这座埋藏记忆的小岛和月亮上黑暗的一面，就是隐私世界。每一个人都有自己的隐私，都有一些令人不快、痛苦、悔恨的往事。比如，恋爱的破裂，夫妻的纠纷，事业的失败，生活的挫折……这些都是自己过去的事情，不可轻易示人。

每个人都有自己的过去，都存在一些不为人知的秘密。朋友之间，哪怕感情再好，也不要随便把你过去的事情、秘密告诉对方。

如果你是职场中人，你将你的秘密告诉你的同事，在关键时刻，他很可能会拿出你的秘密作为武器回击你，使你在竞争中失败。他将你不光彩的秘密说出来，你的竞争力就会大大削弱。

与同事说话，要分人、分场合、分时间。你所说的话，对方是不是爱听？说你自己的事，同事必须关心吗？说同事的事，你的说法正确吗？不分场合地讲你的事情或同事的事情，他们会不会反感？不管同事的心情好坏、时间松紧，唠唠叨叨，同事不厌烦吗？这些都是你要考虑的，要"三思而后言"。过多的暴露，会让人觉得你肤浅；过分的热情，会让人觉得你是在讨好。因此，与同事说话，要因人而异，否则物极必反。

不分青红皂白地把同事当作知心朋友，动辄一吐心曲，更是需要小心的。特别是与同事相谈甚欢或话语投机之时，更要把住口舌关。当别人对自己倾诉知心话，自己也以诚相待时，仍要特别注意，不可毫无遮拦。因为人际关系是经常变化的，今天的知心人或许就是明天的对手，你的知心话也就会成为明天握在对方手中的把柄。给自己留一点余地，留一条后路，总会让人觉得安全、踏实。

自己的秘密不要轻易示人，守住自己的秘密是对自己的一种尊重，是对自己负责的一种行为。

“逢人只说三分话，未可全抛一片心。”这话虽有偏颇，但却有些道理。尤其是同事之间，存在着某种竞争关系，可能你觉得这样做过于圆滑，而现实生活会教会你这样做的道理。孔子说过：“不得其人而言，谓之失言。”

不要把话说得太绝

我们在做菜的时候，会习惯性地少放盐。如果味道有些淡，还可以再加。但是，如果一开始就放了很多盐，一旦味道咸了，就难以改淡了。说话也是如此，如果把话说得太绝，就像往倒满了水的杯子中加水，即使是一滴，也会溢出来。

俗话说："人情留一线，日后好见面。"不把话说满、说绝，为自己留一条后路，这样日后方能进退自如，否则受伤的只能是自己。

公司里最近有一个很急的项目，大家为了赶进度，甚至占用了吃饭、休息的时间。因此，公司里的气氛很紧张。一次，同属于设计部的周然和姜琴为了一个问题产生了矛盾，闹得彼此很不愉快。周然本来脾气就不是很好，加上最近工作压力大，一时没忍住，冲姜琴吼了几句："你听好了，从此咱俩谁也别搭理谁，你走你的阳关道，我走我的独木桥，就当互不认识。"姜琴脾气虽好，但也是个要面子的人。于是，两个人从此形同陌路，再也没有说过话。

就这样过了三个月，两个人各忙各的事。一天，领导忽然宣布，姜琴升任设计总监。昔日的"敌人"突然成了自己的顶头上司，周然无论如何也接受不了这个事实，又想起当初自己信誓旦旦说过的话，处境真是太尴尬了。最终，周然因为无法面对现在的上司而辞了职。

在生活中，我们会遇到很多尴尬，特别是说话掌握不好分寸，常常让自己处于不利的地位。相信像上面这种情况，很多人在生活中都会碰到，因为把话说得太绝而让自己无后路可退。所以，我们要时刻提醒自己，与人交往的时候，不要把话说得太绝对，更不要说出“势不两立”之类的话。

我们知道，打仗的时候要选择合适的位置，离得太近了无疑是送死；离得太远了，又打不到敌人。所以，要保持适当的距离，做到进可攻、退可守。显而易见，说话也是同样的道理。但是，总有一些人喜欢拍着胸口给人打包票，把话说得满满的。比如，答应一件事情时总是信誓旦旦地说“没问题，包在我身上”“放心，你就等我好消息吧”“这点小事算什么，保证没问题”之类的大话。但是我们知道，在事情开始之前，我们是不能预测结果的。若是事情办得圆满，当然是皆大欢喜。但是，一旦与想象中相差很大，就有可能给自己带来麻烦。

某公司来了一位新职员——安然。公司每周一开例会，会上主要探讨一些产品的市场预测，并鼓励每个人都发表自己的见解。也许是“初生牛犊不怕虎”，在会上，安然表达了自己的想法，说得头头是道，并表示如果按照自己的想法实施，一定能成功。

项目部的经理决定给她一次机会：“你先写一下详细的计划书吧。”听了这句话，安然欣喜若狂，拍着自己的胸口说：“您就放心吧，我保证三天之内奉上。”可是，三天时间一晃而过，安然由于经验不足，并没有完成计划书。经理过来问怎么回事，安然只好老实交代：“不好意思，原来计划书做起来真的不容易，我只完成了一半……”经理的表情顿时有些异样。

想必故事中的安然已经给经理留下了这样一种印象：好吹牛皮，

不值得信赖。这便是说话不留余地的后果。因此，我们在说话的时候，一定要避免把话说得太满。

总之，人际交往的技巧有很多，说话的艺术必不可少。如果你想在人际交往中游刃有余，最重要的一点就是不要把话说绝，为自己留条后路。

口有遮拦表达细掂量

在交谈中，每说一句话之前，都要考虑一下你要说的话是否合适，不要口无遮拦，想说什么就说什么，给其他人造成不快。

小王和小张平时爱开玩笑，几天没有见，一见面一个就说：“你还没有‘死’呀?”对方也不计较，回一句：“我等着给你送花圈呢。”两个人哈哈一笑了事。

后来，小王因病重住进了医院。小张去医院看望，一见面就想逗逗他，又说：“你还没有死呀?”这一次，小王变了脸，生气地说：“滚，你滚。”便把他赶了出去。

即使是亲密无间的朋友，说话也不能口无遮拦，不考虑别人的感受。有些人说话之所以惹恼人，并不是他们不会说话，而是场合观念淡薄。所以，对于这些人来说，当务之急在于增强场合意识，懂得不同场合对说话内容和方式的特定限制和要求，时时不忘看场合说话。

与别人聊天或者闲谈的时候，最好不要对个人的卫生状况妄加评论。如果某人的肩膀上有很多头皮屑，或者口气很难闻，或者拉锁纽扣没系好，请尽量忍耐不去想，并等他亲密一些的朋友告诉他。如果你直接告诉他，特别是在人比较多的场合，很容易让对方处于尴尬的境地。

许多人不喜欢别人问自己的年龄，尤其对女性而言，年龄是她们的秘密，不愿被人提及。对钱等涉及个人收入的一类私人问题的询问通常也是不合适的，可以置之不理。

在社交活动中，要与人为善，而不要打听、干涉别人的隐私，评论他人的是非曲直等。不要无事生非，捕风捉影，也不要东家长、西家短，更不要传小道消息，把芝麻说成西瓜。说话要有事实根据，不能听风就是雨，随波逐流。

不碰触别人的痛处

中国古代有所谓“逆鳞”的说法，强调即使面对富有智慧的大度的蛟龙，也不可掉以轻心。

传说中，龙的咽喉下方约一尺的部位，长着几片“逆鳞”，全身只有这个部位是逆向生长的，万一不小心触摸到这些逆鳞，必定会被暴怒的龙吞噬。至于其他部位，不论你如何抚摸或敲打都没太大关系。只有这几片逆鳞，无论如何也触摸不得。即使是轻轻摸一下，也会犯下大忌。

每个人身上都有几片“逆鳞”存在，即使是人格高尚伟大的人也不例外。唯有小心观察，不触及对方的“逆鳞”，也就是我们所说的“痛处”，才能保持圆融的人际关系。

谁都希望自己比别人聪明，谁都不愿意别人发现自己的失误。很多人最大的本事就是通过宣扬别人的错误来显示自己的聪明，而这恰恰触动了别人的心病。所以，有意无意地张扬别人的错误，是一种损人不利己的行为。

每个人都有不为人知的秘密或隐私，在他过去的工作或生活历程中，他也许曾犯下错误，甚至做过不光彩的事情。如果你知道内情，在你的下属、同事或朋友犯错误或和你有不同意见而出言顶撞的时候，你将会怎么办呢？是揭人隐私，还是就事论事？

有些人虽然不会把别人的隐私抖出，却常常把它当作筹码来压制他人。譬如，在盛怒的时候会说：“你少跟我斗，你过去的黑资料还在我手中呢!”那个可怜的人会因为的确有污点掌握在别人手中，只好忍气吞声，但他心里却是非常气愤的。于是，当这种心情积累到一定程度，就会出现互相攻击对方隐私的情况。彼此都把对方的隐私抖出来，弄得两败俱伤，除了引来一大堆人围观，对谁也没有好处。因此，你要清楚，揭人伤疤是最没必要的。

也许有人会说：“我并不是喜欢揭他的伤疤，但他的态度实在太恶劣，我才忍不住的。”这话乍听之下似乎有道理，但实际上只说明你胸襟太窄。

在同事或同学之中，有的人总希望能有机会显示自己的能耐，一旦发现别人的失误，就似乎看到了自己的胜利，绝对不会忘记大肆地宣扬出去。如果朋友破天荒地办了一件蠢事，你就像发现了新大陆一样，在背后逢人便讲。实际上，这是一大陋习。有些企业领导也有此陋习。某单位召开职工大会，厂长很神秘地宣布：“据可靠消息，某兄弟厂今年亏损300万元，下岗200人；还有某兄弟厂今年亏损400万元，下岗150人。”完了，还要附加一句“这是内部消息，外面不要乱张扬”。其实这就是此地无银三百两，他巴不得大家好好宣扬呢。这似乎就是表彰他自己的功绩，其实他自己亏损多少，可能他连算都不敢算。这种东方式的竞争，被很多人发挥得淋漓尽致。

当然，也有人是由于心直口快，才在无意中把别人的失误给当面指出来，直到别人脸红脖子粗，才意识到这样做似乎不大妥当。很安静的办公室里，你发现同事文件上的一个字写错了，你好心好意地来到他面前，声音不算很响地告诉他“你把‘狠’写成‘狼’了”。其他人可能没听到，但他却会感到很难堪，并以为所有人都听到了。如果这时有人偷偷地笑一声，那就更会让他几天都感觉脸上无光，他也因此可能恨你几天。

宣扬别人的失误，必然会让对方难堪、尴尬，伤了自尊。如果对方能较好地看待，或者说你这人本质还不错，那么可能结果会好些。万一对方是个很要面子的人，或者你人缘本来就一般，那就可能对你很不利了，你得小心着不定哪天就会有人报复你。如果你树敌还不止一个，那就更麻烦了！

想和周围人建立良好的人际关系，一定要记住：做事公私分明，尤其要注意，言谈表达之间不要触到别人的痛处。被击中痛处，对任何人来说都是不愉快的事。

不碰触别人的痛处，不但是说话待人的分寸，更是左右逢源的关键。

避开交谈中的“雷区”

美国女记者芭芭拉·华特初遇美国航空业界巨头亚里士多德·欧纳西斯时，见他正与同行们热烈讨论着货运价格、航线、新的空运构想等问题，芭芭拉没法插上一句话。在共进午餐时，芭芭拉灵机一动，趁大家谈论业务中的短暂间隙，赶紧提问：“欧纳西斯先生，您在海运和空运方面都取得了伟大的成就，这是令人震惊的。您是怎样开始的？当初您的职业是什么？”这个话题一下拨动了欧纳西斯的心弦，他立即同芭芭拉侃侃而谈起来，动情地回顾了自己的奋斗史。

在日常生活中，同病人谈治病强身的事情，同家长谈培养子女的方法，同青年人谈今后的发展目标，同家庭主妇谈安排生活的诀窍，同学生谈提高学习效率的经验……这些话题无一例外都是对方乐于接受的。

选择话题，除了要注意对方的需求外，还要小心避开“雷区”，尽量选择“安全系数大”的话题。

首先，不要不识深浅，误入禁区。每个人都有自己的禁区，譬如个人隐私、怪癖、生理缺陷等。这一类内容应当有意避开，不要去谈论。不然的话，轻则破坏谈话气氛，重则伤感情，甚至会导致争吵或关系破裂。

其次，避开可能引起对方伤感或误解的敏感话题。每个人除了有若干“禁区”外，还存在“敏感地带”，谈话中都应当小心避开。譬如，不幸者忌谈他遭受不幸的往事，失恋者忌谈爱情与婚姻问题，残疾人的家庭忌谈家中的那位残疾者等。有时，与医生、律师等专业人士交谈，在他们工作以外的时间里，不宜谈过分具体的专业话题，如什么病该怎么医治、什么纠纷该怎么处理等。同要人交谈，往往忌谈政治、宗教和性的问题。“敏感话题”很难处理，一般要尽量避而不谈。

选择话题除了看人之外，还要看场合。会话是在一定场合、情境之中进行的，话题应当同场合、情境协调。不协调的话题不但大煞风景，而且还有可能损害人际关系。喜庆的场合，不能谈令人伤感或通常认为不吉利的话题。悲哀的场合，不能谈令人捧腹大笑的话题，也不宜谈婚恋喜庆等话题。

话到嘴边留半句

尽管说话表达要求有一说一、有二说二，无须拐弯抹角地云山雾罩一番。但在与人交往时，为了避免伤害他人，为了更好地赞美他人或为了得到别人的帮助，必须将要表达之意寓于其他话语中，话到嘴边留半句，而不能做所谓的“直肠子”，快人快语，以致把事情搞砸。

话到嘴边，应该留下哪半句呢?

1. 隐私或秘密不可轻易泄露

这两样东西，将暴露自己的意图和弱点。对方也许是朋友不是敌人，不过就怕他是伪装的敌人或受敌人利用。

偶有一些人，“心底无私天地宽”，敢说就敢做，敢做就敢当，没有什么隐私，也不怕受损，“事无不可对人言”。这种人都是遍体鳞伤的英雄，10 个人中大概有 9 个不敢自认是这种人，也没有“打落牙齿和血吞”的心理准备。所以，话到嘴边，留下这要命的半句是非常有必要的。

2. 留住自以为是的见解

人们都是根据有限信息进行思考并形成想法，在信息残缺不全时，会形成偏见。加上感情倾向与情绪作用，会使自己的见解偏得更厉害。正如索罗斯说的：“我们对世界的所有认知都有缺陷，因为我们无法透过没有折射作用的棱镜看待这个世界。”

虽然每个人的想法都带有偏见，但掌握信息较多、比较理智、能有效克服情绪的人往往意见更正确，至少更令人信服。因为在一些人中，大家的见解都超不过他的见解。你看那些经验丰富的领导人，当别人进行热烈的讨论时，他却坐在那里一言不发。等别人把想说的话都说完了，他再发表意见，一开口就语惊四座，让大家都觉得自愧不如。其实，他在保持沉默时，并非没有想法，只不过能隐忍不言而已。当他听完所有人的讨论后，掌握的信息已经比别人多了，在此基础上形成的想法自然胜过所有人。

3. 不发毫无价值的牢骚

毛主席曾告诫那些革命意志不坚定的同志，尤其是知识分子：牢骚太盛防肠断。生活本来就是不如意的事要占很大比例，你到哪里去找一个圆满的世界？已经吃到肚子里的东西，无论米谷糟糠，总是要自行消化的，岂能吐出来让别人心情难受？抱怨通常没有价值，只有一种例外：你想让某人知道你的想法，却不便当面说，想让眼前这个喜欢多嘴饶舌的人带话过去。

懂得变通，实话不可直说

我们在生活中与他人交流的时候，都希望对方能说实话：情人谈恋爱的时候，想要听到对方的实话；警察审讯嫌疑人的时候，想要听到实话。但是，说实话并不容易，因为实话并不是随口就能说出来的。说实话也分场合，而且在某些特定场合或某些特殊情况下，实话往往会失去它的魅力，令人尴尬，伤人自尊，甚至引发不必要的矛盾。

小耿的父亲70多岁，因为患有比较严重的脑梗塞住进了医院。但是，老人家对自己的病情知道得不是很详细。因为对于这样的病，一般的医生都会向患者刻意隐瞒，或是说一些安慰的话。但是有一天，小耿去医院看望老人的时候，老人说什么也不愿意在这家医院待了，说是这家医院医生的素质太低。

原来，老人住院已经快半个月了，但是觉得没什么效果，正巧医生在查房，老人便问了一句："这样治疗管用吗？能把血管打通吗？"没想到医生却直接回道："不能。"而且还打了个比方："就像秧苗旱死了一样，再浇水也没什么用。"老人听完气坏了。

愤怒的小耿找到了该医生，要求对方赔礼道歉。那位医生迫于压力，只好低头认错。可是，有什么用呢？在以后的日子里，老人总是郁郁寡欢。

的确，对于病人的情况，医生应该如实告知。但是，这只是对于一些小病而言。对于危及生命的大病，一般医生都会对病人说一些好听的话，以宽慰病人。但是，这位医生当着病人的面说好不了，试问谁听到不生气？所以，实话实说也要分场合、分对象。

同样，我们来看这样一个例子：

一日，一位男士来到药店，询问营业员是否有治疗牙疼的速效药。看着这位男士用手捂着牙十分痛苦的样子，这位营业员拿出一盒药，并告诉男士，这是癌症和术后患者止疼用的特效药，还说这种药效果很好。但是，男子听完后却勃然大怒："我是牙疼，又不是得癌症或者做手术了，你拿这种药是在诅咒我吗？"说完，男子药也没买就夺门而出。

营业员只不过是实话实说而已，不过她忘记了饱受牙疼折磨的人通常心情十分烦躁，而且易怒，他们需要的是安慰，而不是往伤口上撒盐的大实话。其实，像这样实话实说并没有错。只是，有时候我们更需要的是"实话巧说"。

有一次，英国诗人拜伦在街上看到一位盲人身上挂着一块乞讨的牌子，上面写着这样一句话："自幼失明，望君怜恤。"但是，再看看他手里的破盆子却空空如也。拜伦想了想，挥笔将这几个字改成了"春天来了，我看不见"。结果，路人纷纷解囊，不一会儿，这位盲人的小盆子就堆满了人们投来的钱币。

一对情侣在逛街的时候，女孩看上了一条裙子，征求男孩的意见。男孩认真地看了看说："这件裙子颜色不错，款式也很新颖，要是你上初中那会儿穿上的话，回头率一定是百分之百。"

作家贾平凹曾说："话有三说，巧说为佳。"无论是在生活中还是在工作中，说实话一定要注意场合、对象。如果实话实在不能实说，不妨变通一下，实话巧说，也许会有意想不到的效果。